당신이 소유한 치유의 능력

possessing YOUR healing

· · · · ·

병을 능가하는 권세를 취하라

카이넌 T. 브리지스 지음 / 윤종화 옮김

서로사랑

당신이 소유한 치유의 능력

1판1쇄 발행 2015년 4월 20일

지은이 카이넌 T. 브리지스
옮긴이 윤종화
펴낸이 이상준
펴낸곳 서로사랑(알파코리아 출판 사역기관)
만든이 이정자, 윤종화, 주민순, 장완철
       이소연, 박미선, 엄지일
이메일 publication@alphakorea.org

등록번호 제21-657-1
등록일자 1994년 10월 31일
주소 서울시 서초구 방배1동 918-3 완원빌딩 5층
전화 02-586-9211~3
팩스 02-586-9215
홈페이지 www.alphakorea.org

ⓒ서로사랑 2015
ISBN_ 978-89-8471-324-6 03230

차례

• • • • •

헌정사

　나는 이 책을 만왕의 왕이요, 만주의 주인 예수 그리스도께 헌정하기를 원한다. 또 사랑스럽고 정숙한 아내요, 사랑스런 세 자녀 엘라(Ella), 나오미(Naomi), 이삭(Isaac)의 어머니이며, 내 인생과 사역에 있어 최고의 조력자인 글로리아 브리지스(Gloria Bridges)에게 헌정하기를 원한다. 이 책이 출판될 수 있도록 기도와 힘이 되어 준 교회의 성도들에게도 헌정하기를 원한다. 하나님께서 당신을 축복하시기를!

추천사

만일 당신이 오늘날 일어나고 있는 기적적인 치유에 대해서 전혀 생각해 보지 않은 사람이라면, 아마도 이 책을 읽은 후에 당신은 초자연적인 실상에 대해 눈이 떠질 것이다.

하이디 베이커 박사(Heidi Baker, PhD)
Iris Global 설립자, 책임자

「당신이 소유한 치유의 능력」, 이 역동적인 책을 통해서 독자들은 치유와 관련된 하나님의 풍성한 약속과, 치유는 "자녀의 떡"이라는 사실을 발견할 것이다. 카이넌 목사는 하나님께서 주신 건강한 삶의 요점을 잘 다루고 있다. 건강한 삶은 하나님의 약속이다. 건강한 삶은 믿는 자들 모두에게 주어진 특권이다. 단순한 믿음은 하나님의 치유 능력이 나타나도록 한다. 삶은 기대로 넘친다.

마크 존스 박사(Dr. Mark T. Jones Sr.)
Manifestations Worldwide Inc.

하나님은 지금 이 시간에도 기적을 행하시며 병을 치유하신다. 카이넌 브리지스는 그리스도가 당신을 위해서 이루신 일을 기꺼이 받아들이기 위해 시간을 내라고 요청한다. 그리스도의 말씀은 치유의 말씀이다. 그리고 그리스도의 임재는 참으로 치유의 임재다. 이 책에 기록된 사실을 받아들이라. 그리고 하나님께서 의미심장한 방법으로 당신을 만지시도록 하라.

마크 키로나 박사(Dr. Mark J. Chironna)
Church on the Living Edge
Mark Chironna Ministries

놀라운 통찰력을 가진 카이넌 브리지스 목사는 자신의 책, 「당신이 소유한 치유의 능력」에서 성도들이 어떻게 하면 치유를 위해서 믿음을 증가시킬 수 있는지, 믿음을 표출할 수 있는지 그리고 치유를 소유할 수 있는지에 대한 방법을 보여 준다. 나는 그리스도인들이 이 책을 구입하는 데 약간의 투자를 하고, 책을 읽고, 원리들과 성경을 묵상하고, 그 후에 그들의 삶에서 열릴 큰 이익을 수확하기를 적극 추천한다.

더글라스 윈게이트 박사(Dr. Douglas J. Wingate)
Life Christian University 설립자 겸 총장

서문

나는 예수 그리스도를 믿은 지 15년이 넘었지만, 신성한 치유라는 주제에 대해서 지금보다도 확신했던 적은 없었다. 치유라는 주제에 대해 말하라는 하나님의 계시의 말씀을 받았을 때, 내 인생은 완전히 변화되었다.

그리스도의 지체인 많은 사람들이 그리스도가 주시는 것을 통해서 살아가고 있다는 것을 나는 안다. 하나님께서 우리를 가끔 축복하셨거나, 어떤 날은 우리를 깨우셨거나, 그리스도의 보혈을 약간만 우리에게 주셨다는 그런 세상을 나는 상상할 수 없다. 이런 예는 터무니없는 소리지만, 사람들이 "하나님은 치료하실 수 있다"라고 말할 때, 그들의 주장은 틀림없는 것이다.

이 책을 쓴 목적은, 거듭난 성도들의 마음을 교화하고 그리스도가 주시는 모든 영적인 축복을 확실히 자기 것으로 만들도록 성도들에게 권능을 부여하기 위해서다. 또 이 책은 신성한 치유를 위한 성경적 기초를 제공할 것이고, 성경이 말하고 있는 치유에 대한 지식을 강화하게 할 것이다.

끝으로, 이 책은 당신의 믿음이 성장하도록 도울 것이다. 하나님으로부터 모든 것을 받기 위한 우리의 능력은 하나님의 말씀을 믿는 여부에 달렸다. 당신이 이 책을 읽을 때, 나는 성령께서 당신의 영에게 말씀해 주시고 오늘 당신에게 말씀하시는 하나님의 말씀을 들을 수 있도록 기도한다.

하나님의 축복이 있기를!

Chapter 1

God's Original Design

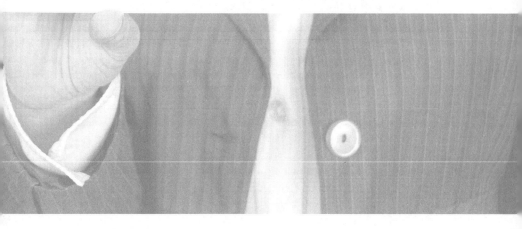

1장

하나님의 최초 계획

창세기 1장 26절에서 하나님은 다음과 같이 말씀하셨다.

> "하나님이 이르시되 우리의 형상을 따라 우리의 모양대로 우
> 리가 사람을 만들고 그들로 바다의 물고기와 하늘의 새와 가
> 축과 온 땅과 땅에 기는 모든 것을 다스리게 하자 하시고"

이 구절에서 "사람"으로 번역된 단어는 히브리어 남성명사 adam[스트롱(Strong), H119]¹이다. 일반적으로 이 명사는 인간 전체를 나타낸다. 다시 말해서, 피조물을 위한 하나님의 최초 의도는 인류가 이 세상을 정복하는 것이었다.

하나님은 자신이 창조한 남자와 여자가 이 세상에서 살기를 원하셨다. "모양"과 "형상"이란 히브리어는 tselem(스트롱, H6754)과 demuwth(스트롱, H1823)인데, 각각 '비슷함'과 '유사함'을 의미한다.

하나님은 자신이 창조한 남자와 여자가 이 세상을 다스릴 뿐만 아니라, 모든 점에서 하나님처럼 살피고, 하나님 역할을 하고, 하나님처럼 행동하기를 원하셨다. 하나님처럼 정확하게 살피고 행동하는 남자와 여자라는 완벽한 인류, 이것이 하나님의 최초 계획이었다.

창세기 2장 5절을 통해서, 우리는 땅을 경작할 사람이 한 명도 없었던 것을 알 수 있다. 이것은 매우 흥미롭다. 왜냐하면 창세기 1장 26절에서 하나님은 "우리가 사람을 만들고"라고 말씀하셨다. 하지만 창세기 2장 5절에서는 아직 사람이 만들어지지 않았다. 그러나 만일 당신이 계속해서 창세기 2장 7절을 읽는다면, 사람이 "생령"이 되도록 하나님께서 "땅의 흙으로 사람을 지으시고 생기를 그 코에 불어넣으"셨다는 구절을 보게 될 것이다.

이것은 놀라운 사실이다. 왜냐하면 이것은 우리에게 하나님의 마음에 대한 굉장한 영감을 주기 때문이다.

창세기 1장 26절에서, 하나님은 사람을 만드셨거나 또는 창조하셨다. 그러나 창세기 2장 7절에서, 하나님은 사람을 지으셨다. '짓다'로 번역된 히브리어는 yatsar이다. 이 단어는 '신성한 생기와 목적을 주기 위해서 예정된 ~모양을 만들기 위하여'(스트롱 H3335)를 의미한다.

창세기 1장에서 하나님은 최초의 영적 존재인 사람을 창조하셨다. 그 후 창세기 2장에서 하나님은 사람을 지으셨다. 그리고 사람에게 신성한 목적과 신성한 생기를 주셨다. 인간을 영적인 존재라고 하는 이유는 이것이 인간 내면에 존재하기 때문이다. 그러나 신성한 생기와 신성한 목적이 결여될 때, 인간은 하나님의 것을 관리

할 수 없다.

신성한 목적을 이해하면 하나님께서 창조 때부터 우리에게 관리하도록 하신 의도가 무엇인지 더 잘 알게 된다. 하나님은 우리가 완벽하고, 부족함이 없으며, 이 세상을 통치하기를 원하셨다. 아담은 절대로 아프지 않았다. 아담은 결코 가난하지도 않았다. 아담이 하나님께 말씀드려서 응답을 얻지 못한 적이 없었다. 아담과 하나님 사이에는 완벽한 의사소통과 교제가 있었다. 그리고 아담에게는 하나님이 주신 건강이 있었다.

그러나 불행하게도 이 완벽한 관계는 죄로 인해서 지속되지 못했다. 창세기 3장을 보면, 아담과 하와는 하나님께 불순종했다. 그리고 선악을 알게 하는 나무의 열매를 먹었다. 이 죄는 인류와 거룩한 하나님과의 관계를 빗나가게 만들었다. 그리고 저주가 시작되었다. 죄의 저주와 불순종은 인간 실존, 즉 영, 혼, 몸의 모든 영역에 영향을 미친다.

하나님은 아담에게 선악을 알게 하는 나무의 열매를 먹는 날에는 반드시 죽게 될 것이라고 경고하셨다(창 2:17을 보라). 그리고 우리가 이제 논의하려고 하는 세 가지 영역 모두에서 이 일이 정확하게 일어났다.

영적인 죽음

이 죽음으로 인해서 나타나는 가장 심각한 상황은 영적인 것으로, 이것은 인류와 창조주인 하나님 사이의 영원한 친분을 갈라놓았다. 이 분리는 하나님과 함께 영원히 살 수 있는 우리의 권한과

이 세상에 대한 영적인 권세를 끊어 놓았다. 아담이 죄를 범함으로, 인간은 이 세상을 통치하기 위해서 하나님께서 주신 권리를 포기했다. 대신에 이 권리가 사탄에게 옮겨졌다.

마음, 의지, 감정의 죽음

이것은 혼의 죽음이다. 아담이 죄를 범했을 때 그에게 죄의식이 생겼다. 아담은 자신의 범죄로 인한 죄책감 때문에 하나님의 임재로부터 숨었다. 아담과 하와는 처음으로 두려움을 알게 되었다. 인간의 판단은 이 죄에 의해서 영향을 받았다. 죄는 타락한 본성으로 반항하고 행하도록 우리에게 선천적인 성향을 갖게 했다.

육체적인 죽음

죄로 인해서 아담은 (그리고 모든 인간들은) 영원히 살 수 있는 육체적인 능력을 상실했다. 에덴동산에서 쫓겨남으로 아담은 자연의 순리를 따르게 되었다. 그는 이전의 상태가 아니었다. 이 말의 뜻은 아담이 아프거나 가난하게 되었고, 부족함으로 인해서 고통을 받았고, 몸의 장기들은 망가지게 되었고, 결국에는 죽게 되었다는 것이다.

하나님의 최초 계획에는 완전한 의, 하나님과의 친밀함, 건강, 영적 그리고 육체적 번영의 영원한 삶이 포함되어 있었다. 하나님의 속성과 하나님의 권세를 소유하도록 인간을 창조하신 것이 하나님께서 원래 의도하셨던 것이다. 죄를 짓기 이전의 인간은 하나님의 속성과 하나님의 권세를 이 세상에서 행사할 수 있었다.

죄는 하나님의 최초 계획으로부터 사람을 분리시키는 힘이 있다. 예수 그리스도는 사탄의 일을 멸하고, 하나님과 영원토록 교제할 수 있는 신분을 인간에게 되돌려 주려고 오셨다. 다시 말해서, 인간을 완전한 존재로 다시 회복시키기 위해서 오셨다. 사실은 그리스도 안에서 거듭난 성도로 완벽하게 만드는 것이다: "너희도 그 안에서 충만하여졌으니 그는 모든 통치자와 권세의 머리시라"(골 2:10).

그리스도는 하나님 아버지의 오른편 높은 곳에 영원토록 계신다. 이것은 우리도 그리스도 안에 있기 때문에, 천국의 처소에서 하나님 아버지 앞에서 더할 나위 없이 완전해지고 회복됐다는 의미다.

그리스도께서 우리의 죄 때문에 십자가에서 돌아가셨을 때, 그분은 우리를 아담의 저주로부터 구원하셨다. 그리스도는 우리를 대신해서 사형을 받으셨다. 이로 인해 우리를 향한 하나님의 최초 계획이 완전히 회복되었다. 그러므로 하나님의 최초 계획을 완전히 이해하는 것이 중요하다. 하나님의 최초 계획을 이해하지 않고서는 구원이 거듭난 성도들의 삶 가운데 어떤 결과를 낳을지 우리는 완전히 이해할 수 없다.

기독교의 여러 분파에서 예수 그리스도는 종교적 유물, 숭배의 대상으로 비춰진다. 그러나 성경이 말하는 진리는 그리스도께서 우리를 구원하기 위하여 어마어마한 대가를 지불하신 살아 계신 구세주라는 것이다. 이 구원은 새 언약을 믿는 모든 사람들에게 엄청난 영향을 끼친다. 그리스도께서 성취한 구원은 모든 사람들에게 영향을 줄 뿐만 아니라, 우리가 하나님의 최초 계획에 영원토록 접근할 수 있는 권한을 준다.

신성한 치유는 구원 패키지 중에 중요한 한 부분이다. 우리를 위한 하나님의 최초 계획을 더 많이 이해하면 할수록 그리스도께서 십자가에서 성취하신 것을 더 많이 깨닫게 된다. 보다 더 나은 우리가 되기 위해서는 예수님께서 성취하신 것들 중에 **특별히 치유**가 필요하다.

· · · · ·

기도의 능력

하나님 아버지, 저와 모든 자녀들을 위하여 생명을 주셔서 감사합니다. 하나님의 눈을 통해서 저의 삶과 삶의 목적을 깨달을 수 있도록 하나님의 영과 은혜를 의지합니다. 하나님의 충만한 구원 계획에 기여할 수 있도록, 제가 하나님의 말씀과 일치되기를 갈망합니다. 예수님의 이름으로 기도드립니다. 아멘.

---

1. 'H' 와 함께 표시된 모든 스트롱의 번호가 '히브리어와 아람어 사전' 에 나와 있다. 'G' 와 함께 표시된 숫자는 '헬라어 사전' 에 있다. 출판된 참고 문헌들을 자세히 보라.

Chapter 2

What Is Divine Healing?

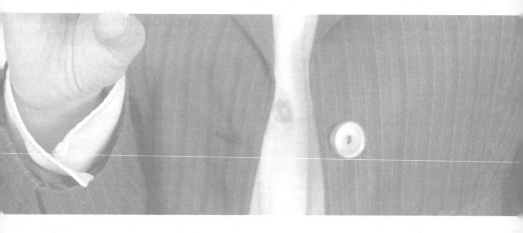

2장

신성한 치유란 무엇인가?

이 책에서 당신은 치유하는 능력을 소유하는 법을 배우게 될 것이다. 그러나 먼저 배울 것이 있는데, 그것은 신성한 치유가 무엇인지 정확하게 이해하는 것이다.

간단히 말해서, 당신과 내가 하나님의 말씀인 언약을 우리의 육체에 적용할 때 신성한 치유를 누리게 된다. 우리가 거듭났을 때, 우리는 예수 그리스도의 권세와 통치 아래 들어가게 되었다. 우리의 몸은 성령의 전이 되었다. 하나님은 문자 그대로 우리를 사탄에게서 다시 값을 치르고 사셨다. 이 값으로 사심 안에는 육체를 비롯한 우리의 모든 면이 포함되었다.

고린도전서 6장 20절은 우리에게 말한다: "값으로 산 것이 되었으니 그런즉 너희 몸으로 하나님께 영광을 돌리라." 예수 그리스도의 피를 통해서 하나님은 우리의 몸에 대한 법적인 권리를 얻으셨다. 우리는 모든 면에서 하나님께 속해 있다.

'전(殿)' 안의 하나님의 임재

하나님께서 **몸**이라고 말씀하신 전에 거하기 위하여 오실 때는, 인간의 영을 통해서 우리의 육체 안에 하나님의 임재가 충만하게 된다. 이 의미는 예수님을 죽음에서 다시 살리신 성령이 우리 안에 거하신 성령과 같다는 것이다. 성령의 임재는 우리 몸의 모든 세포들을 더 활발하게 하고, 우리의 몸이 예수 그리스도의 주권에 순종하도록 한다.

우리 안에는 하나님의 영이 거하시기 때문에 우리 안에 병이 있을 곳은 없다. 그러므로 당신과 나는 더 이상 아플 수가 없다! 우리의 몸은 더 이상 우리의 소유가 아니다. 성령의 전인 우리의 몸과 관련해서 성경이 말하는 것을 우리는 이해한다. 또한 우리는 성적인 죄에서 벗어나야 할 필요성도 안다. 하지만 많은 사람들이 병과 약한 것 중 어느 것도 성령의 전에 **속하지 않았다**는 것을 깨닫지 못하고 있다.

고린도전서 6장 19절이 말하고 있는 것에 주목하라.

"너희 몸은 너희가 하나님께로부터 받은 바 너희 가운데 계신 성령의 전인 줄을 알지 못하느냐 너희는 너희 자신의 것이 아니라"

"전"으로 번역된 단어는 헬라어 naos이다. 이 단어는 '신령한 건물 또는 안식처'(스트롱, G3485)를 의미한다. 이것은 하나님의 영이 거하시기 때문에 우리의 몸은 가장 성스러운 장소라는 개념이다.

구약성경에서 하나님은 성막 안에 위치한 지성소에만 거하셨다. 그리고 신약성경에서는 우리의 영과 육체를 성스러운 장소로 만드셨다.

이것은 신성한 치유가 어떤 것인지를 우리가 이해할 수 있도록 도와준다. **치유**란 말은 낫게 하거나 '튼튼하거나 상처가 없게 만드는 것'을 의미한다. 신성한 치유란 우리의 몸에 결함이 없어지는 현상이다. 우리가 몸을 주목해서 보면, 몸은 우리의 마음도 포함한다. 마가복음 5장에서 우리는 예수님께서 귀신 들린 사람을 치유하셨다는 것을 안다. 성경은 15절에서 귀신 들렸던 자가 "옷을 입고 정신이 온전하여"라고 기록하고 있다.

그리스도의 치유 능력이 우리의 모든 면, 심지어 우리의 마음에도 적용된다는 것은 놀랍다. 우리가 마음을 가지고 있다는 여러 가지 이유 중 하나는, 병은 육체에 국한되지 않는다는 것이다. 귀신이 들렸던 거라사인의 경우처럼 사람들은 종종 마음이 괴로울 때가 있다.

정신질환은 미국에서 흔한 병이다. 나는 개인적으로 우울증, 정신분열증, 조울증, 자살 충동과 싸우고 있는 많은 사람들을 안다. 그리고 나는 개인적으로 영, 혼, 몸이 회복되었다는 의미가 무엇인지도 안다. 불행하게도 마귀는 자신이 공격할 영역에 구별을 두지 않는다. 그러므로 우리는 신성한 치유란 초자연적인 치료 그리고 영, 혼, 몸 모두를 회복시키는 것이라고 주장한다.

신성한 치유는 정신질환뿐만 아니라 모든 인간의 감정도 포함한다는 더 놀라운 뉴스가 있다. 성경은 말한다.

"무릇 시온에서 슬퍼하는 자에게 화관을 주어 그 재를 대신
하며 기쁨의 기름으로 그 슬픔을 대신하며 찬송의 옷으로 그
근심을 대신하시고 그들이 의의 나무 곧 여호와께서 심으신
그 영광을 나타낼 자라 일컬음을 받게 하려 하심이라"(사 61:3)

우리는 치유가 육체에 나타는 것과, 몸에 발생한 모든 것에 초점
을 맞추는 데 많은 시간을 할애할 것이다. 신성한 치유는 이 모든
것을 포함한다.

신성한 권리

신성한 치유는 이미 거듭난 성도들의 것이다. 이것이 우리의 권
리다! 무슨 권리인지 생각해 보라. 그것은 '어떤 것을 소유하거나,
획득하거나, 어떤 방식으로든 행동할 수 있는 도덕적 또는 법적인
자격'을 의미한다. 우리에게 있는 권리가 끼치는 영향력은 대단하
다. 당신이 갖고 있는 법적인 권리가 어떤 것인지 알게 되면 당신은
권리에 따라서 행동하게 되므로 배짱이 두둑해진다.

만일 어떤 사람이 당신의 뜻을 거스르고 당신을 육체적으로 흥
분시켜서 이용했을 경우 이것을 폭행죄 또는 추행이라고 부른다.
당신 개인의 몸은 법적으로 당신의 소유이기 때문이다. 마찬가지
로 사탄이 당신에게 병과 약한 것으로 괴롭힐 때, 사탄은 자신의 소
유가 아닌 몸을 이용하는 것이다. 사탄은 법을 어기는 것이다. 따라
서 당신은 사탄에게 대항할 수 있는 법적인 권리를 가지고 있다.

어떤 그리스도인들은 만일 하나님께서 치유를 좋게 여기신다면

하나님께서 "그렇게 하실 거야"라고 말하곤 한다. 이렇게 생각하는 것의 문제점은 하나님의 말씀과 함께하지 않는다는 것이다. 치유는 거듭난 모든 성도들에게 주신 신성한 권리다. 베드로전서 2장 24절에서 설명한 것 같이, 예수 그리스도께서 갈보리의 십자가에서 우리를 위하여 말씀하신 것이다.

> "친히 나무에 달려 그 몸으로 우리 죄를 담당하셨으니 이는
> 우리로 죄에 대하여 죽고 의에 대하여 살게 하려 하심이라 그
> 가 채찍에 맞음으로 너희는 나음을 얻었나니"

이것이 믿는 자들이 신성한 치유를 받을 수 있고 행할 수 있는 권세다.

'완전한' 복음

많은 사람들이 복음을 구분한다. 사람들은 성경을 어디서나 집어들 수 있고 선택할 수 있는 뷔페와 같이 취급한다. 어떤 축복은 오늘날에도 관련이 있지만, 어떤 축복은 더 이상 매력적이지 않거나 요긴하지 않다고 한다. 만일 우리도 이와 같이 성경을 취급한다면, 우리는 하나님의 말씀이 완전하지 않다고 하나님께 말하고 있는 것이다. 결국 우리는 하나님을 거짓말쟁이라고 부르게 된다.

누가복음에서 예수님께서 말씀하신 것을 곰곰이 생각해 보라.

> "주의 성령이 내게 임하셨으니 이는 가난한 자에게 복음을

전하게 하시려고 내게 기름을 부으시고 나를 보내사 **포로 된 자에게 자유를, 눈 먼 자에게 다시 보게 함을 전파하며 눌린 자를 자유롭게 하고** 주의 은혜의 해를 전파하게 하려 하심이 라 하였더라"(눅 4:18~19, 굵은 글씨는 저자 강조)

이 구절은 성경에서 가장 강력한 구절 중 하나다. 그 이유는 이 땅에 아들을 보내시기 위한 하나님의 최상의 계획을 제시하기 때문이다. 하나님의 의도는 자신의 자녀들이 삶의 모든 영역에서 회복되는 것이다.

그리스도께서는 단지 우리의 죄를 사하기 위해서만 오신 것이 아니다. 그리스도께서는 단지 우리의 육체를 회복시키기 위해서 오신 것도 아니다. 그리스도는 우리가 모든 영역에서 완전히 구원받게 하려고 오셨다. 그리스도의 희생은 치유를 포함해서, 우리가 하나님의 말씀에 있는 모든 약속과 축복 속에서 살 수 있도록 우리에게 법적인 배경을 제공한다.

아담의 죄로 인한 저주는 우리의 육체에 영향을 미친다. 그러므로 그리스도가 우리를 위해서 이루신 영원한 구원 역시 우리의 육체에 영향을 미치는 것은 당연하다. 만일 구원이 단지 우리의 영에만 영향을 미친다면, 구원은 불완전하다. 완전한 구원이란 영, 혼, 몸을 포함한다.

몇 년 전에 나의 아내인 글로리아는 부정맥을 겪었었다. 둘째 딸인 나오미를 임신했을 때 부정맥이 시작되었다. 부정맥이 처음 시작되었을 때 아내는 검사를 받았던 병원 응급실로 실려 갔다. 진찰과 심전도 검사와 MRI 검사를 하느라 여러 시간을 보냈지만 결과는 나오지 않았다. 명확한 진단도 해결책도 없이 아내는 집으로 돌아와야 했다. 의사는 부정맥은 임신과 관련이 있기 때문에 이 문제를 고려할 가치가 없다는 이유로 묵살하기로 결정한 것이다.

그러나 통증을 호소한 지 몇 주가 지난 후 아내는 심장병 전문의를 찾았다. 부가적으로 여러 가지 검사를 했지만 결과는 다르지 않았다. 둘째 딸을 출산한 후에도 아내는 계속해서 괴로워했고, 구역질로 인해서 단순한 일도 제대로 하지 못했다. 이것은 우리가 상상했던 것보다 훨씬 더 심각하게 되었다.

그 당시 우리는 신성한 치유를 믿었다. 그러나 지금과 같이 신성한 치유에 대해서 적극적이지는 않았다. 아내의 상태는 1년 반 동안이나 계속되었다. 마침내 우리는 이 상황에 대한 권세를 취하기 시작했다. 그리고 나와 아내는 이 문제를 끝내기 위해서 기도했다. 우리가 예배를 드리던 어느 날, 목사님이 지식의 말씀을 주셨다. 그리고 "누군가 방금 부정맥이 나았습니다!"라고 말씀하셨다. 그 즉시 글로리아는 믿음이 생겼고 치유를 받았다. 아내는 다시는 부정맥에 걸리지 않았다.

이 실례의 요점은 모든 병이나 모든 약한 것도 문제가 되지 않음을 보여 주기 위한 것이다. 그리스도는 십자가에서 모든 병이나 모든 약한 것을 물리치셨다. 그리고 당신과 나에게 치유받을 수 있는 법적인 권리를 주셨다. 우리가 치유는 특권이 아니라 우리의 권리라는 확실한 믿음을 갖게 될 때, 우리는 증상이나 병을 능가하는 권세를 취하게 될 것이다.

마태복음 8장 16~17절은 말한다.

"저물매 사람들이 귀신 들린 자를 많이 데리고 예수께 오거
늘 예수께서 말씀으로 귀신들을 쫓아 내시고 병든 자들을 다
고치시니 이는 선지자 이사야를 통하여 하신 말씀에 **우리의
연약한 것을 친히 담당하시고 병을 짊어지셨도다** 함을 이루
려 하심이더라" (굵은 글씨는 저자 강조)

만일 그리스도가 우리의 병을 담당하셨다면, 우리는 더 이상 참
을 필요가 없다. 선하지만 무지한 대다수의 목사들과 선하지 않은
의도를 가진 일부 목사들이 그리스도는 사람들이 병으로부터 편안
해지기를 원한다고 가르치고 있다. 이것은 음부의 깊은 곳에서부
터 나오는 거짓말이다!

그리스도는 속죄를 통해서 치유와 건강을 주시기 위하여 오셨
다. 하나님의 말씀이 사람들의 몸, 정신, 감정의 상태를 변화시킬
정도까지 거듭난 성도들이 자신의 '전' 안을 하나님의 말씀으로
채울 때, 그리고 그 말씀이 이루어지는 것을 받아들일 때, 신성한
치유는 일어난다.

나는 어렸을 때 조지아(Georgia) 주 애틀랜타(Atlanta)에서 성장했
다. 아버지와 함께 벌판에 고철과 다른 종류의 쓰레기들이 쌓여 있
는 곳에 갔던 기억이 있다. 그때는 여름이었는데, 아직까지도 그때
맡았던 쓰레기 썩는 냄새를 기억할 수 있다. 그 냄새는 정말이지 매
우 끔찍했다.

누군가 당신의 뒷마당에 폐기물 쓰레기를 버렸다고 잠시 상상해 보기 바란다. 이것은 심각한 문제일 것이다. 왜? 그곳은 당신이 살고 있는 소중한 장소이기 때문이다. 그리고 당신의 자녀가 뒷마당에서 놀고 있기 때문이다.

이제 하나님의 전에 누군가 똑같은 짓을 했다고 상상해 보라. 글자 그대로 쓰레기와 폐기물이 제단에 널브러져 있다. 이것은 상상할 수도 없는 일이다! 하지만 사탄이 성도들에게 병과 약한 것으로 고통을 주기 위해서 노력할 때, 이것은 곧 사탄이 이렇게 하는 것임에 틀림없다.

용기를 가지라. 우리는 우리의 몸에 '쓰레기 더미'를 쌓으려는 사탄을 능가하는 권세를 부여받았다.

* * * * *

기도의 능력

하나님 아버지, 저는 지금 아버지의 말씀에 대한 확신을 가지고 나왔습니다. 저의 마음에 신성한 치유에 대한 계시를 주셔서 감사합니다. 치유는 저를 위한 아버지의 뜻이라는 것을 믿습니다. 저를 치유하지 않을 것이라는 사탄의 모든 거짓말에 대한 권세를 취합니다. 치유는 모든 사람들을 위한 것이 아니라고 말하는 종교의 영에 대한 권세를 취합니다. 치유는 저를 위한 것입니다! 저는 지금 갈보리의 권세를 누리며 살아갑니다. 예수님의 이름으로 기도드립니다. 아멘.

Chapter 3

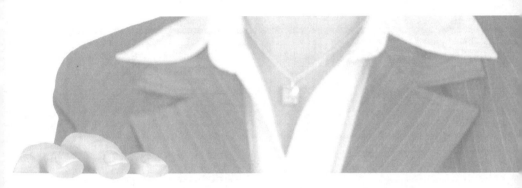

Healing and the Atonement

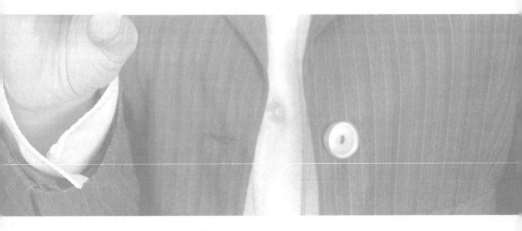

3장

치유와 속죄제

"그뿐 아니라 이제 우리로 화목하게 하신 우리 주 예수 그리
스도로 말미암아 하나님 안에서 또한 즐거워하느니라 … 한
사람의 범죄로 말미암아 사망이 그 한 사람을 통하여 왕 노릇
하였은즉 더욱 은혜와 의의 선물을 넘치게 받는 자들은 한 분
예수 그리스도를 통하여 생명 안에서 왕 노릇 하리로다" (롬
5:11, 17)

'속죄'에 해당하는 헬라어는 **katallage**다. 그 의미는 '교환' 또
는 '(하나님의) 은혜를 통한 회복' (스트롱, G2643)이다. 이 단어는 거래를
암시한다. 다시 말해서, 교환은 갈보리의 십자가에서 일어났다. 그
리스도께서 우리의 죄를 떠맡으셨다. 그 결과 우리는 예수님의 의
를 취할 수 있었다.

이 교환의 영향은 우리가 상상할 수 있는 것보다 훨씬 더 크다.

글자 그대로 예수님은 우리의 약한 것을 취하셨다. 그 결과 우리는 예수님이 주신 건강을 누릴 수 있게 되었다.

로마서 5장 17절은 우리에게 말한다. 아담의 범죄로 사망이 왕노릇하였은즉 "더욱 은혜"와 "의의 선물"을 넘치게 받은 자들은 "생명 안에서 왕 노릇 하리라"는 것이다.

아담의 죄를 통해서 들어온 죽음이 인간의 세 가지 영역인 영, 혼, 몸에 영향을 끼쳤다는 것을 우리는 이미 입증했다. 죄는 우리에게 미약한 영향을 끼친 것이 아니다. 죄는 우리에게 죽음이 왕 노릇하도록 만들었다. 죄는 우리의 삶을 완전히 지배했다. 그리고 죄는 그리스도 안에 있지 않는 사람들의 삶을 지금도 지배하고 있다.

완전한 속죄를 위해서는 죄의 결과와 다른 완전히 반대되는 것이 제공되어야 한다. 우리의 삶(영, 혼, 몸)에서 죽음이 왕 노릇하는 것을 멈추기 위하여 속죄하는 것만으로는 충분하지 않을 것이다. 뿐만 아니라 생명(영, 혼, 몸) 안에 왕 노릇하기 위한 능력이 제공되어야 할 것이다.

의의 영향들

바로 이것이 예수님께서 십자가에서 하셨던 일이다. 예수님은 신성한 은혜가 있는 그 위치까지 우리를 회복시키셨다. 이 은혜는 우리가 의의 선물을 받을 수 있도록 한다.

많은 사람들이 의의 영향을 이해하지 못한다. 그것은 도덕적인 변화 그 이상이다. 의는 정말로 하나님을 받아들인 상태, 당신이 창조되었을 때의 상태가 되어야 하는 것을 의미한다.

만일 이런 맥락에서 당신이 의롭게 되었다면, 예수님께서 십자가를 통해서 우리가 그렇게 될 수 있도록 회복시키셨다는 것을 의미한다. 그리스도의 보혈은 우리가 하나님을 받아들일 수 있도록 만들었다. 우리의 한 부분인 영만 의롭게 되도록 만든 것이 아니다. 마찬가지로 우리의 몸과 마음에도 적용된다.

우리가 그리스도를 통해서만 의롭게 될 수 있다는 것을 **깨달을** 때, 우리는 살면서 **왕 노릇**할 수 있다. 하나님은 우리가 왕 노릇하기를 원하신다! 하나님은 우리가 단지 한쪽 날개와 날아가 버린 다른 한쪽 날개를 대신하는 기도를 원하지 않으신다.

아주 많은 성도들이 속죄를 통해서 이런 것들을 성취할 수 있다는 것에 무지하다. 로마서 5장 11절이 말하고 있는 것에 주목하라: "이제 우리로 속죄를 **얻게 하신**(received)" (KJV, 굵은 글씨는 저자 강조). 속죄는 우리가 예수 그리스도의 형상을 대신하도록 만들어 준다. 하지만 사도 바울은 속죄와 성도들의 관계를 설명하기 위하여 '받다' (receive)라는 단어를 사용했다. 우리는 로마서 5장 17절에서 사용된 똑같은 단어를 볼 수 있다: "더욱 은혜와 의의 선물을 넘치게 **받는**(receive) 자들" (굵은 글씨는 저자 강조).

하나님의 은혜는 그리스도를 통해서 공급된다. 그러나 은혜가 주는 유익을 위해서, 우리는 하나님의 은혜를 반드시 **받아야** 한다. '받다' 라는 의미는 무엇일까? 두 구절에서 사용된 '받다' 라는 단어는 헬라어 lambano다. 이 단어의 의미는 '~을 잡다, ~을 소유하다, ~로 인해서 어떤 것을 취하다' (스트롱, G2983)이다.

이것이 십자가의 멋진 점이다. 예수님은 자신의 본분을 예전에 다하셨다. 문제는 예수님께서 이미 이루신 것을 당신과 내가 소유할 것인가 말 것인가 하는 것이다. 우리는 거듭났을 때 죄책감이나 부끄러움 없이 하나님께 나아가고 하나님의 임재 안에 들어갈 수 있는 권리를 받았다. 또한 우리는 확신과 권세와 함께 신성한 치유를 행할 수 있는 권리도 받았다. 우리는 죄 사함 받았다는 사실을 알고 있다.

당신의 죄를 사하신 하나님은 당신의 몸을 치유하신 하나님과 동일한 분이시다. 용서받기 위해서 필요한 은혜는 치유받기 위해서 필요한 은혜와 동일하다. 문제는 대다수의 사람들이 죄 사함을 받지 못했다는 것이다. 그들은 아직도 죄와 죄책감을 가지고 살고 있다. 결과적으로, 그들은 자신이 치유받는 것은 극히 어렵다는 것을 알게 된다.

그리스도가 하신 일 때문에 우리가 하나님께 다가갈 수 있다는 것을 깨닫게 될 때, 우리는 하나님의 특성 중 능력에 근거한 초자연적인 배짱을 갖게 된다.

속죄의 두 번째 측면은 실제 상황이다. 만일 예수님께서 우리의 인생에 진짜 주님이시라면, 하나님의 분노는 영원히 우리에게서 떠나간다. 교회는 이것을 완전히 이해하지 못한 측면이 있다. 그리스도는 화해를 위한 우리의 희생 제물이셨고 현재도 희생 제물이시다. 이것은 우리를 향한 하나님의 의로운 분노가 그리스도의 몸과 피로써 완전히 만족됐다는 의미다.

하나님은 더 이상 화를 내지 않으신다

그리스도가 하신 일 때문에, 하나님은 당신을 벌주거나 심판하시려고 더 이상 애쓰지 않으신다. 이 사실은 기독교를 체험하는 데 기초가 된다. 그러나 종교적이고 잘못된 교회의 가르침 때문에, 성도들은 마치 하나님께서 자신을 하늘나라의 '죄 몽둥이'로 부숴 버릴 것처럼 느끼며 살고 있다. 이것은 하나님에 대한 잘못된 깨달음이다. 새 언약의 약속을 경험했는지 안 했는지는 모르지만, 우리는 새 언약의 패러다임을 가져야 한다.

어떤 사람들은 "그렇지만 하나님은 죄(sin)를 벌하십니다!"라고 말할 것이다.

물론 하나님은 벌하신다. 그러나 심고 거두는 영적인 법칙의 영향을 받는 거듭난 성도들과 하나님의 저주 아래 있는 죄인(sinner) 사이에는 차이가 있다. 후자의 경우, 사람들의 죄(sin)는 영원한 심판의 영향을 받는다. 그 이유는 갈보리의 희생 제물을 받아들이지 않았기 때문이다. 거듭난 사람은 십자가에서 이루신 일을 받아들였다. 그러므로 성도들의 죄는 그리스도 안에서 이미 벌을 받았다.

예수님은 우리의 신분을 취하셨다

그리스도는 성도들의 신분을 대신하셨다. 그리고 우리들을 대신하여 하나님의 저주를 받으셨다. 결과적으로 성도들이 그리스도의 신분을 대신하여 받았기 때문에 하나님께서 은혜를 부어 주시는 것이 가능하다.

우리가 예수님의 신분을 대신할 수 있도록, 예수님은 우리의 신분을 대신하셨다. 예수님은 저주가 되셨다. 그 결과 우리는 의롭게 될 수 있었다. 우리가 보상을 받을 수 있도록 예수님은 벌을 받으셨다. 하나님과 우리의 관계는 이렇게 사실적인 지위에 근거한다. 우리는 가장 좋은 지위인 그리스도의 신분을 갖고 있다.

대다수의 성도들이 이것을 성경적인 진리로 이해하지 못한다. 결과적으로 그들은 자신에게 두 마음과 좌절감이 있다는 것을 발견한다. 그들은 성인(聖人)과 죄인 사이를 오락가락하며 자꾸 바뀐다. 이것은 그들 스스로가 갖고 있는 일종의 이중성 같은 것이다.

친구들이여, 이와 같이 살면 분명히 고통을 안겨 주는 사람이 된다. 만일 당신이 구원받았다는 확신이 없다면, 하나님과의 관계를 확실히 하기 위하여 당신은 거듭날 필요가 있다.

우리는 더 이상 종이 아니다

만일 당신이 거듭났고 그것을 확신한다면, 당신은 다음 사실에 대하여 자신감을 가질 필요가 있다. 하나님은 당신을 마귀의 지옥에 보내기 위하여 천국의 보좌에 앉아 기다리는 분이 아니시라는 것이다. 하나님께서 간섭하시는 한, 당신과 예수님은 괜찮다! 사실 예수님은 당신을 친구라고 부르신다.

> "이제부터는 너희를 종이라 하지 아니하리니 종은 주인이 하는 것을 알지 못함이라 너희를 **친구**라 하였노니 내가 내 아버지께 들은 것을 다 너희에게 알게 하였음이라" (요 15:15, 굵은 글씨는 저자 강조)

그리스도 안에서 우리에게 전가된 아브라함의 축복은 우리를 하나님의 친구로 만든다.

> "이에 성경에 이른 바 아브라함이 하나님을 믿으니 이것을 의로 여기셨다는 말씀이 이루어졌고 그는 하나님의 벗이라 칭함을 받았나니" (약 2:23)

우리에 관하여 하나님께서 말씀하신 것을 알려고 하는 그리스도의 지체를 사탄은 원하지 않는다. 마귀는 우리가 계속해서 고통받도록 이런 진리에 대해서 아무것도 모르기를 원한다. 하나님의 사람들인 우리가 하나님의 말씀에 있는 약속들을 받아들일 시간이 되었다. 그리고 우리의 삶에 그 약속들을 적용할 시간이 되었다.

· · · · ·

기도의 능력

하나님 아버지, 예수 그리스도께서 갈보리 십자가에서 속죄 사역을 담당하게 해 주셔서 감사합니다. 예수님께서 이루신 일로 인하여 하나님과 완벽하게 교제하며 연합할 수 있도록 저를 회복시켜 주셔서 감사합니다. 지금 제 삶의 모든 영역에서 충만한 보상을 받습니다. 하나님의 말씀과 예수 그리스도의 희생에 근거한 모든 언약들을 저의 것으로 만들 수 있는 권리를 주셔서 감사합니다. 하나님의 진리의 말씀과 일치되기 위하여 저의 마음을 새롭게 합니다. 저는 예수님으로 인해서 100퍼센트 완전해지고 회복되었습니다. 예수님의 이름으로 기도드립니다. 아멘.

Chapter 4

God, the Healer

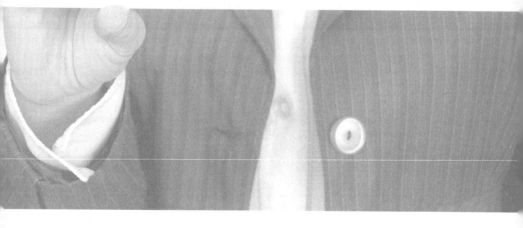

4장

하나님, 치료자

"이르시되 너희가 너희 하나님 나 여호와의 말을 들어 순종하고 내가 보기에 의를 행하며 내 계명에 귀를 기울이며 내 모든 규례를 지키면 내가 애굽 사람에게 내린 모든 질병 중 하나도 너희에게 내리지 아니하리니 나는 너희를 치료하는 여호와임이라"(출 15:26)

이미 언급했듯이, 우리가 하나님으로부터 무엇이든지 받을 수 있는 것은 하나님이 어떤 분이신지 아는 우리의 지식에 근거한 것이다. 그리고 우리가 하나님에 대해서 아는 모든 것은 진리인 하나님의 말씀에 근거한 것이다.

구약성경에서 하나님은 자신을 이스라엘 백성들을 치료하시는 분으로 계시하셨다. 하나님의 속성을 나타낸 이 계시는 십계명과 관련하여 주어졌다. 치유에 대한 약속은 이 계명들을 지키라는 명령과 연관되었다. 다시 말해서, 하나님은 "나는 너를 치료하는 하나님이다. 이런 관점에서 나에 대해 경험하려면, 너 자신이 나의 말씀대로 살아야 한다"라고 말씀하셨다.

출애굽기 15장 26절에 나오는 "하나님"으로 번역된 히브리어는 Yehovah(또는 Jehovah)이다. 이 말은 '홀로 존재하는 분' (스트롱, H3068)을 의미한다. 하나님을 치료자로 나타내는 히브리어는 rapha다. 이 말은 '치료자' 또는 '의사' (스트롱, H7495)를 의미한다.

그래서 우리는 하나님(유일하게 홀로 존재하는 분)을 치료자로 안다. 스스로 계신 하나님은 치유만 하시지는 않는다. 하나님은 Jehovah Rapha시다. 치유는 하나님의 속성과 떼어놓을 수 없다. 하나님께서 스스로에게 충실하시려면, 하나님은 치료하셔야 한다. 그래서 하나님의 뜻이 치료하는 것이냐 아니냐는 의심할 여지가 없다. 이것은 마치 '의사가 처방을 내릴까? 가수가 노래를 할까?' 하고 고민하는 것과 같다. 어떤 사람의 속성은 그 사람의 직분이 어떤 것인가에 따라 좌우된다. 하나님의 속성은 치유하는 것이다.

하나님의 속성에 대한 잘못된 묘사

하나님은 치료하시는 분이다. 이것은 하나님의 속성을 좌우하는 일부분이다. 치유는 하나님의 속성을 보여 준다. 하나님께서 치료하시는가 그렇지 않은가 하는 '쟁점'은 하나님의 입장에서 볼 때 쟁점이 **아니다**. 출애굽기 15장 26절은 말한다: "너희가 너희 하나님 나 여호와의 말을 들어 순종하고." 다시 말해서, 하나님은 이스라엘 백성들에게 그들 스스로가 하나님의 말씀대로 살고 그 말씀을 존중하라고 하셨다.

문제는 이스라엘 백성들이 육신적이어서 하나님의 형상을 유지하지 못했다는 것이다. 그래서 그들은 살아가면서 풍성한 하나님의 약속을 받을 수가 없었다. 하나님은 이스라엘 백성들에게 자신을 계시하려고 노력하셨다. 그러나 그들은 하나님을 볼 수 없었다. 이스라엘 백성들은 광야에 초점을 맞췄다. 그 결과 그들은 하나님의 속성에 대해서 잘못된 묘사를 하는 덫에 빠졌다. 그들은 광야 생활을 하는 동안 하나님께 벌을 받는 잘못을 범했다.

오늘날 그리스도의 지체인 우리도 비슷한 태도를 취한다. 사람들이 하나님은 치료자라는 것을 깨닫지 못하기 때문에 그들에게서 고통이 떠나지 않는다. 우리가 비난하거나 오해하고 있는 사람을 우리는 결코 받아들일 수 없는 것처럼, 하나님은 우리에게 병을 가하는 동시에 치료하실 수 없다. 그것은 절대적으로 미친 짓이다!

이스라엘 민족이 애굽에서 나올 때 그들은 거듭나지 않았다. 그들 안에 성령이 거하시지 않았다. 하지만 하나님은 여전히 그들에게 책임을 물으셨다. 하나님께서 그들에게 책임을 물으셨기 때문에, 그들 중 대부분이 광야에서 죽었고, 살아 있는 동안 결코 하나님의 약속을 받지 못했다.

만일 하나님께서 그들에게 책임을 물으셨다면, 구원받은 우리가 살아가면서 하나님의 말씀을 자신의 것으로 만들었는지에 대하여 얼마나 책임을 물으시겠는가?

하나님의 책에 의해서

당신과 내가 하나님 아버지와 교감할 때는 언제나 하나님의 말씀에 근거해야 한다. 오늘날 많은 성도들이 자신의 느낌과 감정에 근거해서 하나님과 관계를 갖는다. 하나님의 속성과 특성은 변함이 없다. 우리가 어떻게 느끼는지 또는 무엇을 느끼는지 전혀 개의치 않으신다. 하나님의 속성은 우리가 처한 환경과 전혀 관계가 없다. 하나님은 여전히 우리의 환경에 개의치 않으신다.

하나님의 본성과 반대되는 일들을 하나님 탓으로 여기게 되면 우리는 욕구불만에 빠지게 된다. 예를 들어, 어떤 그리스도인이 말기 암에 걸린 것으로 진단받는다. 그리고 누군가 그 사람에게 이 끔찍한 병은 당신을 혼내기 위한 하나님의 작품이라고 말한다. 만일 그 사람이 그런 거짓말을 받아들이고 병에 대해 책임질 사람이 하나님이라고 알고 있다면, 그 사람은 그 병을 용인할 것이다. 그리고 마침내 그는 **그 병이 하나님께로부터 왔다**고 믿는다. 그래서 그 병은 하나님의 뜻이 틀림없게 된다. 맞을까?

틀렸다!

하나님은 말씀이라는 오직 한 가지 뜻만 가지고 계신다. 하나님은 우리의 느낌이 아닌 말씀에 근거해서 우리와 관계를 맺으신다. 만일 우리가 하나님이 어떤 분인지 알지 못한다면 하나님과 상관없는 일들을 하나님에게 책임지도록 할 것이다. 하나님을 우리에게 병을 주시는 분으로 확신한다면, 우리는 결코 하나님께 치유받을 수 없다. 당신에게 계속해서 상처를 주는 사람에게서 좋은 것을 받으려고 노력해 본 일이 있는가? 그것은 매우 어렵다.

어느 날은 학교에서 아이들의 도시락을 빼앗고 그 다음 날은 도시락 값을 주면서 아이들을 괴롭히는 녀석이 있다고 생각해 보라. 만일 이런 일을 6개월 동안 계속해서 반복하고 있다면? 이해가 되는가? 또 다른 예로, 한 강도가 당신의 가정을 파괴하고 총을 들고 재산을 강탈하고 나서 경찰복으로 갈아입고 있거나 112에 전화할 때 응답한다고 생각해 보라.

이와 같은 모순은 불만스럽게 하고 혼란스럽게 한다.

위대한 의사

우리의 믿음은 하나님의 뜻이 어디에 있는지 알아야 작용한다. 만일 우리가 하나님에 대해서 무지하다면, 하나님의 뜻에 대해서도 역시 무지할 것이다. 결과적으로 우리는 하나님으로부터 치유를 받지 못하게 된다. 우리의 모든 병을 치료하는 치료자이신 하나님에 대한 계시를 우리는 깨달아야 한다. 하나님은 우리의 위대한 의사이시다.

만일 당신이 의사에게 간다면, 의사가 고의로 당신을 아프게 만들 해로운 약을 처방할까? 당신은 이 상황을 어떻게 해결하겠는가? 다른 의사를 찾아보면서 의료 과실에 관한 손해배상 소송을 할 것이다! 왜? 그 이유는 의사가 불법을 저질렀기 때문이다. 의사는 환자의 상태를 호전시키기 위해서 항상 최선을 다할 것을 다짐한다. 의사가 자신의 환자를 반드시 아프게 만들겠다는 것은 상상으로조차도 하지 않을 것이다.

이런 시나리오는 이 세상에서도 이해가 되지 않는데, 영적인 세계에서 이것을 어떻게 이해할 수 있겠는가? 우리는 의사들의 이런 모순을 결코 용인할 수 없을 것이다. 그런데 왜 우리는 하늘에 계신 아버지께 그런 것들을 기대하는 걸까?

만일 하나님께서 거듭난 성도들을 아프게 만드는 분이시라면, 하나님은 절대로 의사가 아니시다.

변명의 여지가 없다

종교적인 사람들은 설명할 수 없는 것에 대해서 종종 변명을 한다. 자신이 왜 고통을 받는지 그들은 설명할 수 없다. 그래서 그들은 기도한다: "주님, 당신의 뜻이라면…."

여기에 성경이 말하는 것이 있다: "하나님의 아들이 나타나신 것은 마귀의 일을 멸하려 하심이라"(요일 3:8). 하나님께서 독생자를 보내서 십자가에서 죽게 하신 것은 마귀(사탄)의 일을 멸하시기 위해서일까, 아니면 우리에게 나쁜 것을 더 많이 주시기 위해서일까? 병은 마귀의 일이지, 하나님의 일이 아니다. 그리스도는 우리를 병들게 하는 것이 아니라, 병의 능력을 파괴하는 것이 분명하다.

창세기 3장은 뱀이 하나님께 반역하도록 하와를 유혹했다고 우리에게 말한다. 하나님은 하와가 죄를 짓도록 유혹하지 않으셨다. 인간에게 저주가 시작되도록 원인을 제공한 것은 사탄이다. 예수 그리스도는 저주를 되돌려서 하나님의 풍성한 축복 속에 살 수 있도록 성도들의 권리를 회복하셨다. 이것은 매우 단순한 진리다. 이렇게 단순한 것이 종종 종교와 전통에 의해 왜곡되어 있다.

지식이 없음

우리는 하나님에 대한 잘못된 인식에서 벗어나야 한다. 하나님에 대한 성경적 인식을 받아들이게 될 때, 우리는 사탄에게 부당하게 괴롭힘을 당했다는 것을 알게 될 것이다.

하나님은 자녀들에게 자신을 드러내고 싶은 생각이 간절하시다. 그러나 대다수의 자녀들이 이 사실에 대해서 무지하다. 무지는 위험하다. 사실 성경은 무지는 죽게 할 가능성이 있다고 말한다.

> "내 백성이 지식이 없으므로 망하는도다 네가 지식을 버렸으니 나도 너를 버려 내 제사장이 되지 못하게 할 것이요 네가 네 하나님의 율법을 잊었으니 나도 네 자녀들을 잊어버리리라" (호 4:6)

호세아가 "내 백성이 … 망하는도다"라고 말한 것에 주목하라. 하나님의 백성이 알지 못해서 망할 수 있다. 이 구절에서 언급된 백성은 이방인들이 아니라 하나님의 백성이다.

'망하다'로 번역된 단어는 '중단되는 것' 또는 '차단되는 것' (스트롱, H1820)을 의미한다. '지식'이란 단어는 daath인데, '안목' 또는 '통찰력' (스트롱, H1847)을 나타낸다. '없으므로'로 번역된 히브리어는 beliy이다. 이 단어는 '없는, 아님, 아니다' (스트롱, H1097)를 의미하는 부정부사다. 두 단어를 합치면 문자적으로 안목 또는 통찰력이 없는 것을 뜻한다.

이 구절은 하나님의 언약 백성들이 안목이나 통찰력이 없기 때문에 언약으로부터 차단되는(언약의 혜택을 받을 수 없는) 것을 말하고 있다. 백성들은 자신의 무지로 인해서 언약을 행하지 않았다. 그러나 하나님은 그들을 벌하지 않으셨다.

뿐만 아니라 하나님은 백성들이 "지식을 버렸으니"라고 말씀하신다. 히브리어 원어를 보면, '거절하다' 라는 단어는 maac이다. 이 단어는 '거절하다' 또는 '경멸하다'(스트롱, H3988)를 의미한다. 그들은 하나님의 뜻에 무지했을 뿐만 아니라, 하나님의 뜻을 거절하고 경멸했다. 그들은 하나님의 약속과 삶의 축복에 대해서 "아니오"라고 말했다.

오늘날 일부 사람들도 다를 바 없지 않을까? 그들은 신성한 치유를 행하지 못할 뿐만 아니라, 치유에 대한 메시지를 적극적으로 반대한다.

치유에 대한 공격

오늘날 교회 안에 치유와 하나님이 주신 건강에 대한 성경적 메시지를 공격하는 사람들이 있다. 그들은 치유하는 것이 하나님의 뜻이라고 믿지 않는다. 그리고 그들은 병을 앓는 많은 그리스도인들을 지적하면서 자신의 신념을 입증한다.

"내가 달에 가 본 적이 결코 없기 때문에 달은 존재하지 않는다" 아니면, "나는 결코 만점을 받은 적이 없기 때문에 내가 시험에서 만점을 받는 것은 불가능하다"고 말했다면 나의 주장을 당신은 이해할까? 하지만 하나님의 말씀(이 말씀은 어떤 성도의 삶에 분명히 나타난 실패에 근거한 것이다)에 대한 비논리적인 저항이 오늘날 교회 안에서 확실

하게 일어나고 있다. 성경은 이런 태도를 '지식을 거부하기' 라고
부른다.

많은 사람들이 하나님께서 말씀하시는 것에 무지할 뿐만 아니
라, 마음속으로 그 말씀과 싸운다. 성도들은 아픈 것이 정당하다고
힘을 다해 싸운다. 그 사람들은 성령의 은사가 더 이상 역사하지 않
는다고 주장한다. 나는 그들에게 묻는다: "언제 은사가 중단되었습
니까?"

우리가 하나님의 말씀과 반대되는 신념 체계를 가지면 죽은 사
람처럼 된다. 우리가 이미 말했던 것처럼, 하나님의 축복을 받기 위
한 우리의 모든 능력은 하나님의 말씀을 믿는 여부에 달렸다. 그 믿
음은 진리인 하나님의 말씀에 근거한다. 진리는 하나님은 치료자
라는 것이다.

무지는 사탄의 소망이다

사탄은 성도들을 이용하기 위하여 교회가 무지에 젖어 있기를
원한다. 적은 하나님께서 사람들을 위하여 소유하고 계신 것을 자
신들이 말했던 것에 근거하여 거절하기를 원한다.

예수님은 마가복음 3장 23절에서 말씀하셨다: "사탄이 어찌 사
탄을 쫓아낼 수 있느냐." 이것은 심오한 질문이다. 예수님은 마귀
의 능력으로 사람들을 치료한다고 비난을 받았다. 어떤 사람이 자
신의 병이 호전되고 치료되기 원한다면 어떻게 해야 할까? 그것은
사탄의 목적과 사탄의 왕국을 분열시키면 될 것이다.

테러리스트들은 인질을 구조하지 않는다. 그렇게 하면 자신의

목적이 무산되기 때문이다. 마찬가지로, 하나님은 하나님 자신에게 불리하게 할 수 없으시다. 하나님은 사람들을 병들게 하는 동시에 사람들을 치료하기 위해서 예수님을 보내실 수 없으시다.

호세아가 예언하던 시기에 이스라엘 민족은 예수님 당시와 똑같은 문제를 가지고 있었다. 그들은 하나님의 속성에 대해서 잘못된 묘사를 했다. 이스라엘 민족은 자신들이 하나님을 안다고 생각했다. 그러나 사실 그들은 그렇지 않았다. 이스라엘 민족은 그리스도가 자신들의 치료자요, 구원자로 오셨다는 것을 인식할 수 없었다. 그 당시 종교 지도자들의 잘못된 통찰력 때문에 그리스도가 풍성히 주시려고 했던 것을 많은 사람들이 받을 수 없었다.

만일 사탄이 치유는 악한 일이라고 교회를 납득시킬 수 있다면, 교인들은 치유를 절대 수용하지 않을 것이고, 절대 치유를 행하지 못할 것이다. 사실상 그들은 절대 치유받지 못하고 반드시 마귀와 협력하게 될 것이다.

문제는 신실한 통찰력을 가진 사람이다. 사람들이 진리를 깨달았더라면, 그리고 치유받을 수 있는 자신의 권리를 위하여 강력하게 신성한 치유를 주장했더라면 어떻게 됐을까? 병원은 힘을 잃게 되었을 것이다!

하나님의 말씀이 우리가 이용할 수 있도록 만들어졌다는 것을 인지할 때 우리는 매번 적보다 전략적으로 우위에 있게 된다. 신성한 치유에 대해서 내가 그렇게 확신하는 이유는 하나님께서 치유를 확신하시기 때문이다. 하나님이 주신 건강으로 산다는 것은 인간의 노력과 능력과는 상관없다. 그것은 단순히 하나님의 말씀에 동의하는가의 문제다.

치유의 세 가지 측면

예수님께서 복음서에서 보여 주셨던 치유와 관련된 중요한 세 가지 영역이 있다. 그것은 치유의 능력, 치유의 의지, 치유의 근원 이다.

누가복음 3장을 보면, 예수님은 세례 요한에게 세례를 받으셨다. 그 순간, 예수님 위에 임하시는 성령을 받았다. 그리고 하나님은 하늘에서 말씀하셨다: "너는 내 사랑하는 아들이라 내가 너를 기뻐하노라"(눅 3:22).

예수님은 세례를 받으신 후에 사탄의 유혹을 받기 위해서 광야로 이끌려 가셨다. 승리하신 다음에, 예수님은 안식일에 유대인 회당에 들어가셨다. 그리고 이사야 61장을 읽으셨다(눅 4장을 보라).

두루마리를 읽으시는 그때가 예수님의 삶과 사역의 본질이 밝혀지는 결정적인 순간이었다. 회당 안에 있던 모든 유대인들은 이사야 61장에 익숙한 사람들이었다. 그 이유는 이사야 61장이 오실 메시아를 다루고 있었기 때문이다. 이사야 61장을 읽을 때, 예수님은 자신의 정체성과 공생애 사역의 목적을 드러내셨다. 예수님은 자신이 이스라엘의 구원자임을 보여 주셨을 뿐만 아니라, 이스라엘과 모든 사람들의 치료자임을 보여 주셨다.

그리스도의 치유 능력

누가복음 4장 39절에서, 예수님께서 베드로의 장모의 심한 열병을 꾸짖으셨을 때, 예수님은 자신의 치유 능력을 보여 주셨다. 성경은 "예수께서 가까이 서서 열병을 꾸짖으신대 병이 떠나고 여자가 곧 일어나 그들에게 수종드니라"라고 말한다.

누가복음 4장 43절에서, 예수님은 다른 동네에서도 하나님 나라의 복음을 전해야 한다고 알려 주셨다. 그러므로 우리는 베드로의 장모의 치유가 예수님 임의로 하신 일이 아니라, 하나님 나라를 보여 주기 위한 것임을 알 수 있다. 예수님은 자신에게 치유하는 능력이 있다는 것을 사람들에게 드러내 보이셨다. 심각하거나 또는 쇠약하게 만들 수 있는 병일지라도 예수님의 치유 능력으로 고치지 못하는 병이란 없다. 복음서는 예수님을 하나님 나라의 치유 의무를 언제나 수행할 수 있는 치료자로 일관되게 보여 준다고 설명한다.

누가복음 5장에서 예수님은 치유하는 능력을 한층 더 입증하셨다. 성경은 예수님의 능력은 "병을 고치는" 능력이라고 분명하게 말한다(눅 5:17). 그와 같은 상황에서, 예수님은 사람들 속에서 치유 사역을 명백히 행하셨다.

예수님께서 항상 치유하는 일을 하셨다는 구절은 확실하다. 치유의 능력이 표출되기 위해서 꼭 필요한 요건은 믿음이 있어야 한다는 것이다. 사람들이 이 계시를 꽉 잡게 되면, 믿음에 의해서 치유받는다는 이 상황을 기회로 활용하기 시작한다.

누가복음 5장 17절에 나오는 "능력"(power)이라는 단어는 '능력' [ability(스트롱, G1411)]을 의미하는 헬라어 dynamis(또는 dunamis)이다. 본질적으로, 능력이란 행할 수 있는 힘에 대한 개념이다. 그래서 하나님의 능력은 치유를 보여 줌으로써 행동으로 표현되었다. 다시 말해서, 하나님의 능력은 치유를 통해서 입증되었다.

헬라어 두 단어는 복음서에서 주로 '능력'으로 번역되었다. 하나는 우리가 살펴보았던 dunamis이다. 또 하나는 exousia(스트롱, G1849)이다. 후자는 무엇인가 할 수 있는 권리를 말한다. 보다 더 구체적으로 말하면, 법적인 권리 또는 권위를 뜻한다. 예수님은 치유하실 수 있는 권리를 가지셨을 뿐만 아니라, 치유하실 수 있는 능력도 가지셨다.

이 두 의미를 묘사하는 더 놀라운 유사점은 법을 집행하는 사람과 관련이 있다는 것이다. 연수, 증명서, 배지는 범인을 추적할 수 있도록 법적인 권리를 준다. 그러나 무기는 이 권리를 수행하기 위한 능력을 제공한다. 똑같은 방식으로, 예수님은 치유할 수 있는 권위를 갖고 계셨다. 그러나 예수님께 나아왔던 모든 사람들을 치유하심으로 치유의 능력을 입증하셨다.

그리스도의 치유 의지

예수님은 치유 능력을 계속해서 입증하셨을 뿐만 아니라, 치유 **의지** 역시 입증하셨다. 특별히 '**만일** 하나님의 뜻**이라면** 치유하실 것이다' 라는 현대 사상에 비추어 볼 때 이것은 중요한 논제다.

예수님은 누가복음 5장에서, 나병이 피부와 말초신경에 발생하여 매우 심각한 상태인 한 남자를 만나셨다. 그 당시 손가락, 발가락이 없는 나병 환자는 드문 일이 아니었다. 나병 환자는 육체적으로도 정상적인 생활을 하지 못할 뿐만 아니라, 사회적으로도 권리를 박탈당했다.

하지만 예수님은 이 나병 환자를 가까이에서 만나셨다. 나병 환자는 자신은 부정하고 예수님은 (율법이 요구하기 때문에) 자신을 만져서는 안 된다고 예수님께 알리는 대신에 엎드려서 말했다: "주여 원하시면 나를 깨끗하게 하실 수 있나이다"(눅 5:12).

이 나병 환자에게 있어서는 예수님의 치유 **능력**이 관건이 아니라, **자진해서** 치유받으려는 마음이 관건이었다. 다음 구절에서 예수님이 대답하셨다: "내가 원하노니 깨끗함을 받으라."

이것이 예수님은 치유 능력을 가지셨을 뿐만 아니라, 절대적으로 치유하기 원하셨다는 증거다.

흥미롭게도 이 구절에서 "원하노니"란 단어는 헬라어 thelema이다. 그 의미는 '의지를 가진, 또는 자비로운 의도'(스트롱, G2307)이다. 예수님은 나병 환자를 치유하는 것이 하나님의 자비로운 의도임을 그에게 보여 주셨다.

이것은 치유에 관심을 갖고 계신 하나님의 마음에 대한 놀라운 통찰력을 제공한다. 그것은 예수님께서 자신에게 나아오는 사람들을 치유하는 것이 하나님 아버지의 뜻을 수행하는 것임을 계시한다. 또한 여기서 이 나병 환자가 이런 종류의 기적을 받기에는 가장 가능성이 없는 사람이라는 사실에 주목하는 것이 중요하다. 그 당시 사회에서 나병 환자는 가장 따돌림을 받는 사람이었다. 하지만 예수님은 나병을 치유하기 위한 무조건적인 의지와 소망을 보여 주셨다.

그것은 사람들의 삶 가운데 치유를 보여 주시기 위한 하나님의 자비로운 계획이다. 하나님의 사람들이 자신들을 치유하는 것이 하나님의 뜻이라는 것을 깨닫지 않는 한, 그들은 병을 쉽게 받아들일 것이다. 그들은 하나님께서 가끔 자녀들을 혼내기 위하여 병을 허용하시는 것처럼 알게 될 것이다. 이것은 결코 진리가 될 수 없다.

어떤 사람이 병든 것이 하나님의 뜻이라는 이유로 예수님께서 그 사람의 치유를 거부한 사례가 사복음서에는 단 한 구절도 기록되어 있지 않다. 예수님께서 사람들에게 자신의 상황에 절대 불평하지 말고 살아 있는 것에 감사해야 한다고 말씀하신 적 또한 한 번도 없다. 이런 식으로 생각하는 것은 말도 안 된다. 성경은 예수님의 뜻이 사람들을 치유하는 것이라고 분명하고 일관되게 기록하고 있다.

치유의 근원

치유라는 주제에서 가장 흥미로운 점 중 하나는 치유의 근원이다. 예수님께서 치유의 능력을 가지셨다는 것을 우리는 분명히 안다. 예수님은 치유하려는 무조건적인 의지를 갖고 계시다는 것도 알고 있다. 그러나 복음서에 나타난 치유의 근원은 무엇일까?

현대 교회의 가장 큰 오해 중 하나는 성경에서 예수님께서 행하신 치유는 하나님의 아들인 예수님의 특성 때문이라는 것이다. 애석하게도 이런 의식 구조는 잘못된 성경 해석의 결과다.

누가복음 4장에서, 예수님은 주의 성령이 내게 임했다고 유대인의 회당에서 말씀하셨다(눅 4:18을 보라). 이것은 이사야 61장의 메시아에 대한 예언이었다. 그것은 여호와의 나라를 보여 줄 메시아가

올 것이라는 예언이었다.

이와 같이 예언서를 인용하여 예수님은 매우 충격적인 발언을 하셨다. 예수님은 메시아라고 주장하셨을 뿐만 아니라, 하나님께서 기름을 부으셨다고 선포하셨다. 이 기름부음은 예수님 위에 임하는 하나님의 성령으로부터 비롯되었다.

예수님은 이 세상에서 완전한 사역을 위하여 여호와로부터 기름부음을 받은 인자(人子)였다. 이 구절에서 '기름부음을 받다' 란 헬라어는 chrio이다. 그 의미는 '기름을 바르다' 또는 '공적인 또는 종교적인 예배를 통해서 신성하게 하다' (스트롱, G5548)이다. '기름부음 받은 자' 란 단어는 Christos인데, 문자적인 의미는 '하나님의 기름부음을 받은 자' 다. 영어의 Christ란 단어가 여기서 파생되었다.

글자 그대로, 예수님은 하나님에 의해서 기름부음을 받으셨다. 성령의 기름부으심은 예수님의 치유 능력의 근원이었다. 이것이 누가복음 5장 17절에서 "병을 고치는 주의 능력"이라고 말하는 이유다. 이것은 하나님의 성령의 기름부으심이 치유와 관련이 있다는 것을 나타낸다. 예수님께 믿음으로 나아온 사람들을 치유하신 것은 하나님의 성령을 통해서였다.

많은 사람들이 치유의 근원에 대해서 잘못 이해하고 있다. 어떤 사람들은 치유가 은혜 또는 하나님의 자비 때문에 저절로 일어나는 행위라고 믿는다. 또 어떤 사람들은 예수님은 육체를 가진 하나님이시기 때문에, 기적을 행하는 것은 예수님만 가능하다고 말한다. 그러나 성경은 성령의 기름부음이 신성한 치유의 진정한 근원이라고 분명히 보여 준다. 하나님 나라를 보여 주기 위하여 필요한 사역을 할 수 있도록 하나님은 기름을 부으셨고 권한을 주셨다.

요한복음 5장 19절에서, 예수님은 아버지께서 하시는 일을 보지 않고는 아무것도 할 수 없다고 선포하셨다. 이 선포는 치유의 근원에 대해서 보다 더 놀라운 통찰력을 제공한다. 예수님께서 이런 사역(치유 등)을 하실 수 있는 유일한 이유는 아버지의 임재 때문이라고 설명하셨다.

예수님은 누가복음 3장에서 세례를 받으신 후 치유 사역과 신기한 기적을 행할 수 있도록 하는 성령의 기름부음을 받으셨다. 예수님은 아버지와 항상 친밀한 관계를 유지하셨다. 예수님은 항상 치유의 근원에 다가가셨고, 하나님 나라를 입증하는 데 필요한 근원을 끌어내셨다.

근래의 경험을 통해서 볼 때, 모든 강력한 도구는 강력한 근원을 반드시 갖고 있어야 한다. 예수님은 치유 능력의 근원을 끊임없이 보여 주셨다. 마태복음 17장에서, 예수님은 귀신이 들린 한 소년을 만나셨다. 성경은 소년이 "미친 증세"(마 17:15, KJV)였다고 말한다. 악한 영은 소년의 정신을 손상시켰고 소년을 고통스럽게 했다. 소년의 아버지는 소년을 제자들에게 데려왔다. 그러나 제자들은 소년에게 치유 사역을 할 수 없었다.

그때 예수님께서 독특한 방법으로 답변하셨다: "오 믿음이 없고 비뚤어진 세대여, 내가 언제까지 너희와 함께 있으리요?"(마 17:17, KJV). 이 질문은 예수님의 좌절감을 나타낸다. 그런데 예수님께서는 왜 좌절하셨을까? 그 이유는 예수님의 제자들이 자신 앞에 있는 권리인 치유의 근원과 연결되지 못했기 때문이다. 제자들은 자신의 믿음을 사용하지 않았기 때문에 그 근원에 다가가지 못했다.

근원을 아는 것은 대단히 중요하다. 그러나 그 근원에 다가가기 위해서는 믿음이 필요하다. 사실 하나님의 능력과 기름부으심에 대한 믿음은 우리 모두가 어떤 상황에서든지 치유를 받거나 또는 치유 사역을 하는 데 필요한 것이다. 예수님께서 이 세상에서 사역하셨을 때, 예수님은 치유를 위한 능력과 의지를 가지셨을 뿐만 아니라, 성령이 치유의 근원이라는 것을 보여 주셨다. (하나님과 하나님의 능력 안에서) 성령이 공급해 주시는 믿음을 사용하느냐 사용하지 않느냐 하는 것은 우리에게 달려 있다.

하나님의 신성한 '레시피'

예수님은 기름부음 받은 자였다: "그가 두루 다니시며 선한 일을 행하시고 마귀에게 눌린 모든 사람을 고치셨으니"(행 10:38).

하나님은 우리에게 치유 능력, 치유 의지, 치유의 근원이라는 신성한 레시피를 보여 주신다. 만일 우리가 우리 삶에 이 사실들을 적용한다면, 우리는 하나님께서 우리를 치유하실 수 있다고 확신하게 될 것이다. 그리고 이것을 실제로 행하기 위한 은혜를 받으며 잘 살게 될 것이다.

예수님께서 십자가에서 돌아가셨고, 사탄은 패배했고, 우리에게 약속하신 신성한 치유의 축복을 행할 수 있도록 3일 만에 다시 살아나셨다는 것은 분명한 사실이다. 예수 그리스도를 죽음으로부터 살리신 똑같은 영이 우리 안에 거하신다(롬 8:11을 보라). 예수님 위에 기름부으심, 병을 치유한 기름부으심, 죽음에서 살리신 기름부으심은 우리 안에 똑같은 기름부으심으로 거하신다(요일 2:27을 보라).

그리스도가 치유자이시기 때문에 하나님도 치유자시라는 것과, 아버지와 아들이 하나라는 것을 우리는 안다. 또한 우리는 신성한 치유를 위해 필요한 모든 도구를 가졌고, 우리의 삶에 하나님이 주신 건강이 지금 실현되었다는 것을 안다!

· · · · ·

기도의 능력

하나님 아버지, 예수님께서 이 세상의 사역을 통해서 입증하신 치유에 대한 관점을 보여 주셔서 감사합니다. 저는 기록된 하나님의 말씀을 믿습니다. 하나님께서 모든 병과 모든 약한 것을 치유하는 능력을 갖고 계심을 저는 압니다. 하나님의 소망이 병든 모든 사람들이 낫는 것임을 알게 하셔서 감사합니다. 치유 능력의 근원이 성령이라는 것을 저는 압니다. 저와 다른 사람들의 삶에서 어둠의 일들을 물리칠 수 있도록, 하나님의 속성과 방법들을 보여 주셔서 감사합니다! 예수님의 이름으로 기도드립니다. 아멘.

Chapter 5

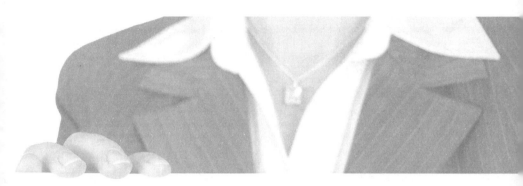

Healing and the Passover

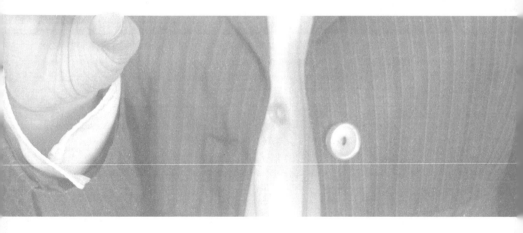

5장

치유와 유월절

출애굽기 15장에서, 주님은 모세와 아론에게 지시하신다.

> "이 달을 너희에게 달의 시작 곧 해의 첫 달이 되게 하고 너희
> 는 이스라엘 온 회중에게 말하여 이르라 이 달 열흘에 너희
> 각자가 어린 양을 취할지니 각 가족대로 그 식구를 위하여 어
> 린 양을 취하되"(출 12:2~3)

이것이 유월절이라고 알려진 관습의 시작이었다.

애굽에서 이스라엘의 포로 생활이 끝날 무렵, 하나님께서는 애
굽 사람들에게 처음 난 것이 죽는 마지막 재앙을 내리셨다. 이 재앙
은 태양을 숭배하는 것에 대한 하나님의 심판을 보여 주었다. 여호
와는 자신의 백성들을 가게 하라고 바로에게 경고하셨다. 바로가
하나님의 계획에 따르는 것을 거부한 후, 하나님은 애굽에 심판을

선포하셨다.

왕국의 계승을 장자에게 의존하는 가부장제의 사회였기 때문에, 처음 난 것의 죽음은 매우 의미심장하다.

하나님은 애굽의 대를 끊으셨다. 그리고 출애굽기 12장에서 하나님은 새로운 제도를 도입하셨다. 하나님은 이스라엘의 지도자들에게 이 날이 새로운 날, 새로운 제도, 새로운 관계의 그 해 첫날이라고 말씀하셨다. 이스라엘 민족은 심판에서 면죄로, 속박에서 자유로, 죽음에서 생명으로 옮겨졌다. 그들은 애굽의 제도로부터 완전하게 벗어나려던 참이었다.

그들이 포로로 있던 땅을 떠나기 전에, 하나님께서는 마지막 재앙과 관련하여 이스라엘 민족에게 행하고 싶은 것이 정확히 어떤 것인지를 말씀하셨다. 하나님은 모든 가족마다 어린 양 한 마리를 준비하라고 명령하셨다. 이것은 이스라엘의 모든 자녀들에게도 적용되었다. 하나님은 이스라엘 민족 모두가 참여해야 할 것을 강요하셨다. 하나님은 식구가 적으면 이웃과 함께 어린 양 한 마리를 취하라고 지시하셨다.

모든 경우에 어린 양은 점이나 흠이 없어야 했다. 그리고 어린 양은 수컷이어야 했다. 그들은 어린 양을 14일이 될 때까지 간직해야 했다. 성경에 의하면, 14라는 숫자는 의미심장하다. 14는 구원과 해방을 나타낸다. 또한 14는 가득한 것을 나타내거나 또는 두 배를 의미한다. 14일 후, 이스라엘 회중들은 해가 질 무렵 그 어린 양을 잡았다. 그리고 피를 취한 후에 집 좌우 문설주와 인방에 발랐다.

잠깐 시간을 내서 그 상징에 대하여 살펴보자. 마지막 재앙은 애굽 제도의 파괴와 이스라엘 자녀들의 해방을 나타낸다. 하나님은 거짓말을 할 수 없는 하나님이시다. 그러므로 하나님은 차등을 두고 심판하실 수 없었다. 처음 나지 않은 것은 풀어 주는 죽음의 영은 애굽의 처음 난 모든 것을 죽이게 되어 있었다. 그러므로 하나님은 이스라엘의 처음 난 것을 위해서 대신 희생할 것을 주셔야 했다.

하나님은 그들의 심판을 대신하도록 처음 난 어린 숫양 한 마리를 이스라엘을 위하여 제공하셨다. 애굽의 처음 난 모든 것들은 죽임을 당했다. 그러나 하나님의 신성한 계획이 이스라엘 백성들을 보호했다. 어린 양을 통해서, 하나님은 이스라엘의 부분적인 해방이 아닌 완전한 해방을 가능하게 하셨다.

하나님은 남아 있는 어린 양을 불에 구워서 무교병과 함께 먹으라고 이스라엘 백성들에게 지시하셨다. 유교병은 죄와 이 세상 제도의 타락을 나타낸다. 그들은 먹을 때 발에 신을 신고 허리에 띠를 띠고 있었다. 그들은 사람들을 데리고 신속히 애굽을 떠나야 했다. 이것이 유월절이다. 유월절은 탈출을 기억하기 위해서 이스라엘 민족에게 주신 기념일이다.

치유의 축복을 약속함

여러 해 동안 나는 유월절에 대해서 공부했고 심지어 가르치기까지 했다. 나는 유월절에 신성한 치유를 위한 하나님의 마음을 드러내는 영적인 미스터리가 들어 있다는 것을 최근까지 깨닫지 못했다. 시편 105편 37절을 예로 들면, "마침내 그들을 인도하여 은금을 가지고 나오게 하시니 그의 지파 중에 비틀거리는 자가 하나도 없었도다"라고 기록되어 있다.

이 구절에 나오는 **비틀거리는**이란 단어는 '휘청거리다' 또는 '쓰러질 듯하다'(스트롱, H3782)라는 의미다. 얼마나 흥미로운가! 이 구절은 수백만 명의 사람들 가운데 한 사람도 쓰러지지 않았다고 말한다. 이것은 당연히 이치에 맞지 않는다. 일반적으로 노예 무리는 생활 여건, 학대, 굶주림, 다른 여러 가지 요인들로 인해서 병든 사람들이 많이 포함되어 있었을 것이다. 노예 상태로 430년을 지내는 동안 얼마나 많은 사람들이 병이 들었을지 상상해 보라.

그들 중에는 수족이 절단된 사람, 나병 환자, 병든 사람들이 분명히 있었을 것이다. 그렇다면 성경은 어떻게 아픈 사람이 한 명도 없었다고 말할 수 있을까? 이 구절의 미스터리는 유월절의 예식 안에 포함되어 있다. 유월절이 될 때까지 그들 가운데 아픈 사람들이 아마도 수백 명은 되었을 것이다.

유월절 동안 하나님의 명령에 순종함으로 이스라엘의 자녀들은 몸을 치료하시는 하나님의 초자연적인 능력으로 해방되었다. 그들은 '대신 희생하는 제물'이라는 신비를 이용했다. 유대인들은 이 개념을 남은 생애 동안 주시했을 것이다. 이스라엘 민족은 심판을 받지 않았다. 그 이유는 어린 양이 그들을 대신해서 심판을 받았기 때문이다. 그들이 희생양을 먹는 순간, 그들은 육체에 건강, 온전함, 힘을 얻었다.

유월절은 축복의 약속이었다. 하나님께서 제시하신 규례에 따라서 이것을 지킴으로써 이스라엘 민족은 약속된 축복을 자신의 몸에 풀어 놓았다. 이 축복은 그들을 더 튼튼하게 했고 그들에게 권능을 주었다. 간단히 말해서, 이스라엘 민족은 더할 나위 없이 온전하게 되고 회복돼서 애굽을 떠났다.

이것이 하나님께서 출애굽기 15장 26절에서 그들에게 말씀하신 이유다: "나는 너희를 치료하는 여호와임이라." 하나님은 "내가 애굽 사람에게 내린 모든 질병 중 하나도 너희에게 내리지 아니하리니"라고 말씀하셨다. 유월절을 통해서, 하나님은 이스라엘 백성들이 탈출하는 동안 이스라엘 민족을 회복시키셨다. 그리고 그들이 하나님의 규례를 지키기만 하면 그들의 치료자가 되실 것이라고 약속하셨다.

병이 하나님의 사람들에게 영향을 미친다는 것은 결코 상상할 수 없다. 병과 약한 것은 세상의 제도에 속한 것이다. 이스라엘 민족은 잠깐 하나님의 제도 안에 발을 들여놓았었다. 그들은 건강하고 온전해졌다. 하나님께서 치료하는 여호와(Jehovah Rapha)로서 자신을 보여 주셨을 때, 그분은 계속해서 이스라엘 민족의 치료자가 되시겠다고 약속하셨다.

당신과 내가 하나님은 우리의 온전함과 회복에 관심을 갖고 계시고, 하나님께서 유월절에 치유를 시행하셨다는 것을 이해할 때, 우리는 이 놀라운 신비와 주어진 권한에 다가갈 수 있다.

성찬에서의 치유

하나님은 흠 없는 어린 양의 희생을 기념하기 위한 예식을 우리에게 주셨다.

"내가 너희에게 전한 것은 주께 받은 것이니 곧 주 예수께서 잡히시던 밤에 떡을 가지사 축사하시고 떼어 이르시되 이것은 너희를 위하는 내 몸이니 이것을 행하여 나를 기념하라 하시고 식후에 또한 그와 같이 잔을 가지시고 이르시되 이 잔은 내 피로 세운 새 언약이니 이것을 행하여 마실 때마다 나를 기념하라 하셨으니" (고전 11:23~25)

그리스도는 우리의 유월절 어린 양이시다. 구약의 출애굽기에서, 그리스도는 상징이었다. 그리고 그 상징을 그리스도의 죽음, 장사, 부활을 통해서 신약에서 깨달았다.

오래전의 이스라엘 민족처럼, 우리는 사탄이 지배하는 세상 제도의 굴레 속에서 억압받고 있었다. 고린도전서에서 바울 사도는 최후의 만찬을 설명한다. 그리스도는 자신이 우리의 죄를 위한 대속 제물, 즉 어린 양이라고 단언했다. 예수님은 자신의 몸을 우리를 위하여 찢으셨다고 말씀하셨다. 어린 양이 출애굽기 12장에서 죽임을 당했던 것 같이, 예수님은 우리를 위해서 죽임을 당하셨다. 그것은 모세의 언약에 따라서가 아니라, 영원한 축복을 포함하는 새롭고 더 나은 약속을 위해서다.

또한 예수님께서 자신의 피는 우리를 위하여 흘리는 새 언약의 피라고 선포하셨다. 그리스도는 이스라엘 민족에게 죽음이 들어오지 못하게 한 문설주에 바른 어린 양의 피였다. 유대인들이 유월절 전통을 지키는 동안에, 예수님은 이런 모든 것들을 분명히 말씀하셨다. 우리는 이러한 연유로 예수님께서 유월절을 실현하신 것을 안다.

이것은 새 언약을 믿는 사람들에게 엄청난 암시를 준다. 그것은 완전한 구원과 회복을 나타낸다. 유대인들은 애굽에서 구출되었을 뿐만 아니라, 그들의 몸도 치유되었다. 성찬은 똑같은 축복을 주지만, 그 가치는 훨씬 더 크다. 유대인들이 하나님의 규례를 지키는 동안 치유를 받았다. 그러나 당신과 나는 그리스도 안에서 완전히 치유받았다.

오늘날 미국에 있는 많은 교회들이 성찬의 영적인 암시에 대한 정보를 갖고 있지 않다. 대다수의 유대주의자들처럼 (여호와의 완전한) 유월절에서 그리스도의 중대성을 이해하지 못한다.

바울은 말한다: "그러므로 누구든지 주의 떡이나 잔을 합당하지 않게 먹고 마시는 자는 주의 몸과 피에 대하여 죄를 짓는 것이니라"(고전 11:27). 바울은 계속해서 말한다: "그러므로 너희 중에 약한 자와 병든 자가 많고 잠자는 자도 적지 아니하니"(고전 11:30).

그들이 잠자는 이유는 무엇일까? "주의 몸을 분별하지 못"(고전 11:29)했기 때문이다. 바울은 어떤 의미로 이렇게 말했을까? 여기서 "분별"로 번역된 헬라어는 **diakrino**이다. 이것은 '분리하다' 또는 '구별하다'(스트롱, G1252)를 의미한다. 또한 이 말은 예수님이 바리새인들을 꾸짖었던 마태복음 16장 3절에서도 사용된다: "너희가 날씨는 분별할 줄 알면서 시대의 표적은 분별할 수 없느냐." 여기서 예수님은 바리새인들에게 하늘을 보면서 날씨가 어떨지 알지만, 하나님 나라를 이해하는 데 같은 능력을 적용하지 못한다고 비난하신다.

따라서 분별이란 어떤 것을 올바로 이해하거나 배려하는 것을 의미한다. 우리는 성찬의 의미를 인지하고 있다. 바울은 약한 자와 병든 자가 많다고 말한다. 그 이유는 그들이 예수님의 몸과 피에 대한 이해가 부족했기 때문이다. 이것은 단순히 죄 때문에 비난받는 문제가 아니다. 고린도전서 11장의 본문은 그리스도의 몸과 피의 중요성을 완전히 이해하지 못했기 때문에 불필요하게 고통당하는 사람들을 다룬다. 그들은 예수님께서 죄를 위하여 흠 없는 제물이 되셨고, 지금도 흠 없는 제물이라는 것을 인식하지 못한다. 그리고 예수님을 통하여 하나님께서 성도들의 삶 가운데 역사하는 사탄의 일들을 완전히 멸하신다는 것도 인식하지 못한다.

예수님은 병, 가난, 죽음의 영이 우리를 영원히 피하도록 만드신 유월절 어린 양이다. 우리는 더 이상 묶여 있지 않고, 영원히 여호와를 경배하기 위해서 그리스도 안에서 자유롭게 되었다. 그리스도는 병과 약한 것에 맞서는 우리의 유일한 방어막이다. 피난처로 달려가는 우리에게 예수님은 은신처가 되신다.

고통 받고 있는 거듭난 사람들, 성령 충만한 성도들이 많다. 그 이유는 성찬의 진정한 의미를 깨닫지 못하기 때문이다. 우리는 예수 그리스도의 몸과 피의 성찬식을 할 때마다 참여해야 한다. 그럴 때 우리에게 신성한 치유가 나타난다. 병이나 약한 것이 있을지도 모르지만 아무런 문제가 되지 않는다. 그리스도는 병이나 약한 것을 이기셨다. 성찬식을 할 때마다 참여하자. 예수님의 승리를 증언하고 초자연적인 능력을 입증하자.

성찬에 대한 간증

셋째 아이를 임신한 동안 아내는 임신성당뇨병이라는 진단을 받았다. 우리가 믿음의 사람들인 것은 알지만, 이 병은 우리를 매우 짜증나게 했다. 진단서를 받았을 때 우리는 기도하기 시작했다. 나는 아내에게 치료되었노라고 선포했고 아내도 동의했다. 나는 의사에게 가면 이 사악한 진단서의 역전된 소식을 듣게 될 것이라고 아내에게 계속해서 말했다.

우리가 진단서를 받았던 시간과 아내가 의사를 다시 찾아간 시간 사이에, 아내와 나와 몇몇 가족들은 아침에 기도의 시간을 가졌다. 어느 특별한 날 아침, 우리는 성찬식에 참여했고 아내가 치료되었다고 선포했다. 우리는 승리를 주신 하나님께 감사했다. 그리고 아내가 다음번 의사를 방문했을 때, 아내의 혈액검사에서 당뇨병 음성반응이 나왔다. 살아 계신 예수님을 찬양하라!

떡과 포도주(주스)를 함께 먹는 단순한 행동이 우리에게 영적으로 얼마나 엄청난 충격을 주었는지는 매우 놀랍다. 이것은 그리스도 안에서 하나님의 치유 계획을 보여 주는 예언적 그림이다.

우리는 성찬을 통해서 치유받은 사람들의 수없이 많은 간증을 듣고 경험했다. 이것은 단지 성찬식에 참여하는 행동이 아니라, 성찬식 배후에 그리스도의 치유 능력이 나타나는 계시다. 우리는 모든 것을 다시 이해해야 한다. 성경은 우리가 경외함으로 먹어야 한다고 말한다. 경외는 오직 계시를 통해서 온다. 하나님이 어떤 분이신지에 대한 계시가 없는 한, 우리는 하나님을 절대로 경외할 수 없을 것이다. 예수 그리스도의 몸과 피에 대한 계시를 가질 때까지 우리가 일반적으로 알고 있는 성찬을 경외할 수 없을 것이다.

만일 당신과 내가 그리스도의 십자가와 그 이후 부활의 완전함을 수용하고 소유했더라면, 우리는 권세가 있는 자세를 취했을 것이다. 당신은 그리스도의 등에 난 채찍 자국이 병이나 약한 것을 구체적으로 다루고 있다는 것을 깨달았는가? 예수님은 자신의 몸을 우리를 위하여 찢으셨다고 말씀하셨다(고전 11:24을 보라). 우리의 몸이 회복될 수 있도록 예수님의 몸이 우리를 위해 찢기셨다. 우리가 더 이상 고통 받지 않도록 예수님이 고통을 참으셨다. 예수님은 자신의 피를 우리를 위하여 흘렸다고 말씀하셨다(눅 22:20을 보라). 이것은 속죄와 언약을 상징했다. 예수님은 우리를 위해 죗값을 지불하셨다. 그리고 새 언약 관계로 우리를 사셨다. 이 언약 관계는 그 관계에 축복을 덧붙인다.

성도들이 이 진리를 붙잡을 때, 병과 약한 것은 성도들에게 승산이 없다. 하나님의 구원 계획이 가장 구체적으로 나타난 것이 성찬에 나타난 예수 그리스도의 몸과 피다. 우리가 믿음과 이해로 성찬에 참여할 때마다 우리는 마귀에게 창피를 주게 된다. 우리가 살면서 한 일은 아무것도 아니며, 예수님의 피를 대신할 수 있는 것은 없음을 마귀에게 다시 한 번 알려 준다. 마찬가지로 예수님의 몸을 다룰 수 있는 병도 없다.

우리가 이 기념에 참여하면 할수록, 우리는 이루신 일에 대한 의식에 점점 더 빠져 들어가게 된다. 그리고 그것은 우리의 삶에 좋은 결과를 낳는 이루신 일에 대한 의식이다. 당신은 병에 걸릴지도 모른다는 환상이 들어도 상관없다. 오히려 예수님의 몸이 **당신을 위**

하여 찢기셨다는 것을 당신 자신에게 다시 한 번 알려 주어야 한다. 예수님의 피는 **당신을 위하여** 흘렸다.

· · · · ·

기도의 능력

예수님, 저를 위해서 행하신 모든 것에 감사드립니다! 예수님의 귀중한 몸을 저를 위하여 찢으셨고, 예수님의 피를 저를 위하여 흘리셨습니다. 그래서 저는 병과 약한 것의 모든 형태를 쓰러뜨리는 권세를 얻었습니다. 이제는 그런 것들을 삶 가운데 더 이상 허락하지 않음을 선포합니다! 예수님의 이름으로 기도드립니다. 아멘.

Chapter 6

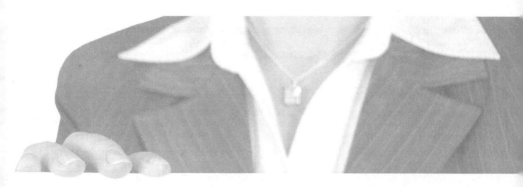

Healing Versus Feeling

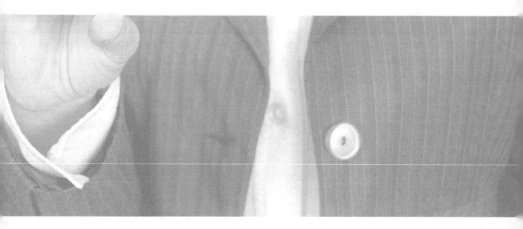

6장

치유 vs. 느낌

"친히 나무에 달려 그 몸으로 우리 죄를 담당하셨으니 이는 우리로 죄에 대하여 죽고 의에 대하여 살게 하려 하심이라 그가 채찍에 맞음으로 너희는 나음을 얻었나니" (벧전 2:24)

사람들은 치유에 대한 개념 때문에 종종 싸운다. 그 이유는 사람들이 치유된 것처럼 느끼지 않기 때문이다. 정말 솔직히 말해서, 치유는 느낌이 아니다.

베드로전서 2장 24절의 "나음을 얻었나니"란 단어는 iaomai이다. 그 의미는 '낫게 하다' 또는 '온전하게 만들다' (스트롱, G2390)이다. 치유는 그리스도 안에서 하나님의 은혜를 나타내는 행동이다. 우리는 "나음을 얻었나니"가 과거시제라는 것을 알 수 있다. 베드로전서 2장 24절은 하나님께서 우리를 치유**하실** 것이라고 말하지 않고 치유**하셨다**고 말한다. 이것을 이해하는 것이 매우 중요하다.

2,000년도 넘는 예전에 그리스도께서 인류의 죄 때문에 죽기 위해 십자가에 매달리셨을 때, 그분은 세상을 자기와 화목하게 하셨다. 그리스도는 우리를 **치유**하셨다. 성경은 말한다.

> "곧 하나님께서 그리스도 안에 계시사 세상을 자기와 화목하게 하시며 그들의 죄를 그들에게 돌리지 아니하시고 화목하게 하는 말씀을 우리에게 부탁하셨느니라" (고후 5:19)

그리스도는 세상과 화목하셨다. 이것은 무슨 의미일까? "화목"이라고 번역된 단어는 헬라어 katallasso이다. 문자적 의미는 '교환하다' 또는 '호의를 보여 주기 위해 되돌아가다' (스트롱, G2644)이다. 이 말은 주로 화폐적인 의미로 사용된다. 이것은 동전을 교환하거나 또는 호의로 인해서 어떤 사람이 되돌려 받는 거래와 관련된 것을 의미한다. 다시 말해서, 그리스도는 우리가 하나님께 진 빚에 대한 값을 지불하셨다. 그리고 대신 우리는 예수님과 함께하는 은혜의 자리를 돌려받았다.

베드로는 이 거래의 과정에서 당신과 내가 치료받았거나 나았다고 쓴다. 간단히 말해서, 치유는 우리와 아무런 관련이 없다. 그리스도가 모든 것을 하셨다! 대다수의 그리스도인들은 자신들이 한 선한 일, 또는 종교적인 일로 인해서 치유를 받는 사람들이라고 믿는다. 치유는 선한 일이나 종교적인 일과 전혀 관계가 없다. 사실 당신과 내가 신성한 치유를 행하는 것이 가능한 유일한 이유는, 그리스도께서 십자가에서 화목하게 하신 일 때문이다.

우리의 치유는 완전히 확정된 일이다. 대가는 이미 지불되었다. 돈은 이미 남에게 넘어갔다. 당신과 내가 치료됐다고 느끼든지 또는 느끼지 않든지 전혀 상관없다. 우리의 치유는 매일 아침 태양이 떠오르는 것처럼 실제 상황이다. 태양이 뜨겁다고 느끼든지 또는 느끼지 않든지, 이러한 느낌은 태양이 존재하는 실제 상황과는 관계없다. 심지어 온도가 가장 낮은 겨울철에도 태양은 여전히 매일 아침 떠오른다.

성경은 "그가 채찍에 맞음으로 너희는 나음을 **느꼈나니**"라고 말하지 않는다. 성경은 "그가 채찍에 맞음으로 너희는 나음을 **얻었나니**"(벧전 2:24, 굵은 글씨는 저자 강조)라고 말한다. 이 구절은 성경 속의 진실이거나, 또는 성경 속의 사실로 알려져 있다. 절대적인 진리는 우리가 갈보리의 십자가에서 그 어떤 병도 나았다는 것이다.

고린도후서 5장 19절에 "화목하게 하는 말씀을 우리에게 부탁하셨느니라"라는 구절이 나온다. "화목하게 하는 말씀"이란 구절은 헬라어 logos(스트롱, G3056) 그리고 katallage(스트롱, G2643) 두 단어가 결합되어 있다. 결합된 두 단어는 법령 또는 교환권 또는 은혜를 나타낸다.

이것은 군주의 선포다. 이것은 하나님께서 우리에게 화목하라는 말씀을 주셨다는 의미다. 다시 말해서, 우리는 그 말씀을 확신할 수 있다.

비단 그뿐 아니라, 하나님은 우리 주변에 있는 모든 사람들에게 이 말씀을 선포하길 원하신다. 우리는 예수 그리스도라는 인간 안에서 하나님과 화목하게 되었다. 이런 이유로 당신과 나는 화목의 혜택을 누리며 살아갈 수 있는 권리가 있다. 이것은 변치 않는 실제 상황이다. 이것은 진리다.

간증: 거짓 증상(다발성경화증)

잠시 간증을 나누어 보도록 하자. 약 1년 반 전에 나와 가까운 관계에 있는 사람이 신경계 질환인 오래된 다발성경화증이라는 진단을 받았다. 이 일이 일어났을 때 나는 충격을 받았다. 나는 이것이 사탄의 공격이라는 것을 알았다. 그러나 사탄이 나 역시도 공격하고 있었다는 것을 몰랐다.

내가 이 소식을 들은 잠시 후, 나 또한 신경질환 또는 신경계 질환을 앓고 있는 사람이 겪고 있는 비슷한 증상을 경험하기 시작했다. 나의 다리는 한 번씩 며칠 동안 감각이 없어지기 시작했다. 나의 얼굴은 걷잡을 수 없이 경련이 일어나기 시작했고, 손끝에 감각도 없었다.

조금도 과장하지 않고, 나는 약간 걱정이 되었다. 그때 적은 나의 마음에 두려움의 씨를 뿌리기 시작했다. 그리고 나도 역시 병에 걸리게 될 것이라고 말했다. 그러나 며칠 후 나는 악한 영들을 대적하기로 마음먹었다. 나는 매일 치유에 관한 성경 구절을 읽었다. 그리고 매일 그 구절을 묵상했다.

하나님의 말씀에서 사실을 깨닫고 난 후, 나는 그 말씀의 권위를 확신하기 시작했다. 하나님께 나를 치료해 주실 것인지를 묻는 대신에, 나의 치유가 십자가에서 분명히 나타났던 2,000년 전에 나를 이미 고쳐 주신 하나님께 감사하기 시작했다. 내가 완전한 건강을 위해서 하나님을 찬양하고 감사하기 시작하는 순간, 모든 증상은 사라지기 시작했다. 나는 전에 이런 증상을 경험한 적이 한 번도 없었다.

이 이야기의 요점은, 나는 치유를 느끼지 않았다는 것이다. 치유는 느낌이 아니라 사실이다. 영적 전쟁을 하는 것과 주님이 만져 주심을 느끼는 것은 굉장하다. 그러나 중요한 사실은, 신성한 치유를 받기 위해서 만져 주심을 느낄 필요가 없다는 것이다. 당신이 해야 할 모든 것은 당신이 나았다는 단순한 진리를 믿는 것이다! 당신은 **나을 것**이 아니라, **나았다**.

물질적 세계에 제한받지 않는

병이나 증상이 어떤가 하는 것은 문제가 되지 않는다. 하나님은 십자가에 달린 그리스도 안에서 그것을 이미 말씀하셨다. 우리에게 직면한 과제는 우리가 물질적 세계에 살고 있다는 것이다. 우리가 경험한 많은 것들은 우리가 보고, 만지고, 맛보고, 느낄 수 있는 것에 그 기초를 두고 있다. 느낌은 잘 속을 수 있다는 점을 이해하는 것이 중요하다.

예를 들면, 당신은 두려움에 휩싸여 본 경험이 있는가? 두려움은 당신의 몸 전체를 마비시키는 결과를 낳는다. 당신의 감각은 두려움 그 한 가지 감정에 기초하여 모든 것이 왜곡된다. 사탄의 탁월한 공격은 감각 영역에서 이루어진다. 사탄은 우리가 보고, 만지고, 맛보고, 느낄 수 있는 것을 이용하길 좋아한다. 사실 성경은 사탄을 "이 세상의 신"(고후 4:4)이라고 언급한다.

누가복음 4장에서, 예수님은 요단강에서 세례를 받고 돌아오셨다. 그리고 광야로 이끌려 가서서 40일 동안 금식하셨다. 이렇게 40일이 지난 후에 예수님은 피곤하셨다.

당신은 과학적으로 이해해야 한다. 당신이 금식을 한다면 당신 몸에 있는 탄수화물은 급격히 고갈된다. 다시 말해서, 먹지 않고 40일이 지나면, 몸은 아사 상태가 된다는 것이다.

간단히 말해서, 예수님은 아사할 정도로 굶주렸고, 사탄은 예수님을 유혹하기 위해서 왔다. 성경은 누가복음 4장 3절에서 말한다: "마귀가 이르되 네가 만일 하나님의 아들이어든 이 돌들에게 명하여 떡이 되게 하라."

사탄은 예수님의 육체적인 감각에 국한해서 유혹을 시도했다. 그리고 예수님은 대답하셨다: "기록된바, 사람이 빵으로만 살 것이 아니요, **하나님의 모든 말씀**으로 살 것이라"(눅 4:4, KJV, 굵은 글씨는 저자 강조). 예수님은 사람의 생명을 건강하게 유지하기 위하여 필요한 것이 오직 육체적인 것만은 아님을 사탄에게 말씀하셨다. 대신에, 사람은 하나님의 모든 말씀을 의지해야 한다.

마태복음 4장 4절은 예수님의 이 말씀을 인용한다: "사람이 떡으로만 살 것이 아니요 하나님의 입으로부터 나오는 모든 말씀으로 살 것이라." 헬라어로, 예수님은 사람이 물질적인 음식으로만 살 것이 아니라 하나님의 모든 rhema로 살 것이라고 글자 그대로 말씀하셨다. 다시 말해서, 예수님은 기록된 말씀이 아니라, 입에서 나오는 말씀에 주목하라고 하셨다.

Rhema는 헬라어다. 그 의미는 '실제 목소리에 의해 입 밖으로

난 소리, ~의 입에서 나온 말'(스트롱, G4487)이다. 이것은 예수님이 성경에서 소개한 매우 중요한 개념이다. 예수님은 당신과 내가 물질적 영역에만 국한되지 않는다고 말씀하신다. 우리는 하나님의 **rhema** 말씀으로 살고 있다. 우리는 하나님의 말씀에 근거하여 살아간다. 성령은 우리에게 하나님의 말씀을 말해 주신다. 그 말씀이 우리의 실체다. 비록 예수님이 육체적인 영역에서는 죽어 갈지라도, 영적인 영역에서는 하나님의 말씀으로 충만하셨다. 말씀은 육체의 연약함을 견디게 했다.

우리가 치유에 대한 약속과 관련된 하나님의 말씀을 묵상할 때, 그 말씀은 우리 안에 살아 있는 목소리가 된다. 그것은 우리에게 말하는 다른 목소리를 대신할 것이고, 다른 목소리보다 더 중요하게 될 것이다. 예수님께서 육체적으로 유혹을 하는 마귀에게 저항할 수 있었던 이유는, 외부에서 들리는 목소리보다 내면에서 들리는 하나님의 더 큰 목소리 때문이었다. 예수님은 느낌대로 움직이지 않으시고, 하나님의 말씀인 살아 있는 목소리에 근거하여 움직이셨다.

우리가 듣는 목소리는 우리의 실체가 된다.

우리는 반드시 결정해야 한다

우리의 몸이 문제에 직면할 때마다 우리는 무엇이 진리인지 결정해야 한다. 그것이 우리가 느끼는 것일까, 아니면 하나님께서 말씀하시는 것일까? 나는 내가 느끼는 것이 아니라, 하나님의 말씀인 진리를 의지하기로 결정했다. 우리의 식별 능력, 믿음, 진리에 의

거한 행동, 이런 것들은 모든 것을 해결하는 열쇠다. 요한복음 8장 32절에서 예수님은 말씀하신다: "진리를 **알지니** 진리가 너희를 자유롭게 하리라"(굵은 글씨는 저자 강조).

이것은 성경 구절 중에서 가장 심오하고, 그렇지만 가장 간과하는 구절 가운데 하나다.

"알지니"로 번역된 이 단어는 헬라어로 ginosko이다. 이 단어는 '깊은 이해' 또는 '친한 사이'(스트롱, G1097)를 의미한다. 문자적으로는 교제를 암시하는 유대인의 언어였다. 구약성경에서, 우리는 "아담이 자기 아내 이브를 **알매** 이브가 수태하여"(창 4:1, KJV, 굵은 글씨는 저자 강조)라고 읽는다. 요한복음 8장 32절의 견해는 진리가 우리를 수태시킨다는 것이다.

하나님은 자신의 말씀이 우리 안에서 자라고 열매 맺기를 원하신다. 우리는 진리를 잉태한 사람들이다. 진리만으로는 사람이 자유롭게 되지 못한다. 그러나 우리가 진리를 아는 정도에 따라서 우리의 삶 가운데 자유롭게 되는 능력을 갖게 될 것이다. 많은 사람들이 성경을 인용할 수 있다. 그렇다고 그들이 **진리를 안다**는 의미는 아니다. 인용된 성경은 그들에겐 실체가 아니다. 그것은 단순히 종교 용어일 뿐이다.

우리가 하나님의 말씀을 아는지 모르는지 실제로 테스트하는 방법은 문제 한가운데서 어떻게 반응하는지 살펴보는 것이다. 우리가 믿음으로 주장한 말씀 때문에 압력을 받는 상황이 될 때, 우리의 반응은 그 말씀에 의해서 잉태된 정도를 나타내는 지표 역할을 한다.

예수님은 하나님의 말씀으로 충만하셨다. 그 말씀은 예수님 안에 살아 있었고, 운동력이 있었다. 그 증거는 광야에서 유혹을 받았을 때 완강히 저항했던 예수님의 능력이었다.

진리가 무엇인가?

누군가 질문할지도 모른다: "진리가 무엇입니까?" 요한복음 8장 32절에서 헬라어 aletheia는 "진리"로 번역되었다. 그 의미는 '고려 중인 모든 문제 가운데 진실한 것'(스트롱, G225)이다. 진리는 사실적인, 움직일 수 없는, 흔들리지 않는, 가식이 없는 대상이다.

간단히 말해서, 예수님은 진리이시다. 예수님은 진리의 화신이시다. 예수님은 성육신하신 하나님의 말씀이시다. 그러므로 하나님의 말씀은 진리다. 이 진리는 사실과는 관계가 없고, 하나님께서 말씀하신 모든 것과 관계있다. 하나님의 말씀이 무엇을 말하든지 그것은 진리다.

우리를 자유롭게 하는 진리가 요구하는 것은, 진리가 무엇을 말하는지 알아야 한다는 것이다. 하나님께서 말씀으로 약속하셨을 때, 그 약속은 흔들리지도 않고 움직이지도 않는다. 진리는 남들이 어떻게 보든지, 사람들이 뭐라고 말하든지, 당신이 어떻게 느끼든지 문제 삼지 않는다. 하나님의 말씀은 당신의 실체다.

말씀은 모든 외부 요인을 바꾼다. 우리가 이 개념을 빨리 이해하면 할수록 우리의 느낌을 초월한 삶을 살게 될 것이다. 치유는 우리가 외적으로 어떻게 느끼는가 하는 문제가 아니라, 하나님께서 말씀하신 것을 내적으로 믿는가 하는 문제다.

말씀을 자기 것으로 만들기

자기 것으로 만든 하나님의 말씀과 우리에게 적극적으로 언급하신 하나님의 말씀은 병의 압박으로부터 자유를 가져다주는 능력이 있다.

당신의 몸에 증상이 나타날 때, 당신 내면에 있는 하나님의 말씀을 당신의 것으로 만들고, 그 말씀이 단독으로 영향을 주도록 해야 한다. 예수님께서 사탄에게 말씀하셨던 것을 당신 자신에게 말하라: "나는 떡으로만 살지 않는다. 하나님의 입에서 나오는 모든 말씀(rhema)으로 산다. 나는 감정에 따라 움직이지 않는다. 나는 하나님의 말씀인 진리를 안다. 그 진리는 나를 자유하게 만들었다."

하나님의 말씀을 고백할 때 나타나는 능력을 절대 과소평가해서는 안 된다. 특별히 느낌 가운데 있는 것은 말씀과는 반대되는 것이다. 그래서 많은 사람들이 느낌이 자신을 지배하도록 용납한다. 이것은 당신의 인생을 위한 하나님의 뜻이 아니다! 하나님은 하나님께서 무엇을 말씀하시든지 진리라고 단정하는 사람을 원하신다. 그들이 외적으로 보고, 듣고, 느끼는 것은 문제가 되지 않는다. 예수님은 진리의 능력의 본보기셨다. 예수님은 진리를 아셨다. 예수님은 말씀으로 잉태되셨다. 그리고 그 말씀은 예수님의 행동을 다스리셨다.

당신의 몸에서 진행되고 있는 것 때문에 불평하고 우는 대신에, 하나님의 말씀을 공부하고, 묵상하고, 고백하기 시작하라. '말씀 클리닉'에 당신의 이름을 등록시켜라. 당신의 몸, 마음, 영혼에 발생하는 통증의 원인이 무엇이든지 치료제와 같은 하나님의 말씀을 적용하라. 그것은 컨디션이 어떻든지 상관없다. 통증에 하나님의 말씀인 치료 연고를 발라라. 그리고 당신에게 치료가 일어나는 것을 보라.

당신은 느낌에 지배당할 것이 아니라, 오직 하나님의 말씀으로만 통치받을 것이라고 마음을 정하라. 당신의 감정에게 명령하기 위해서 하나님의 말씀을 허용하라. 주변에 다른 방법은 없다. 기억하라. 진리는 오직 하나다. 당신이 어떻게 느끼든지 관계없다. 당신은 하나님께서 말씀하신 모든 것과 관계있다.

· · · · ·

기도의 능력

하나님 아버지, 진리는 오직 하나, 하나님의 말씀뿐임을 선포합니다. 제 삶 가운데 최고이며 최상의 권위는 하나님의 거룩한 말씀이라는 것을 인정합니다. 저의 모든 느낌이나 감정은 하나님의 말씀을 확실히 받아들였음을 선포합니다. 제가 보고, 듣고, 느끼는 것에 동기를 부여하지 않겠습니다. 저는 오직 하나님의 말씀에만 동기를 부여하겠습니다. 하나님의 말씀은 저의 인생을 위한 하나님의 뜻이라는 것을 인정합니다. 저에게 적용되는 하나님의 모든 말씀을 신뢰할 수 있습니다. 저는 주님께 치유받은 사람입니다. 왜냐하면 하나님의 말씀이 저에게 그렇게 선포되었기 때문입니다. 감정에 지배당했던 저의 생각을 주님의 말씀으로 통치받도록 변화시켜 주셔서 감사합니다. 예수님의 이름으로 기도드립니다. 아멘.

Chapter 7

Rise, Take up Your Bed, and Walk

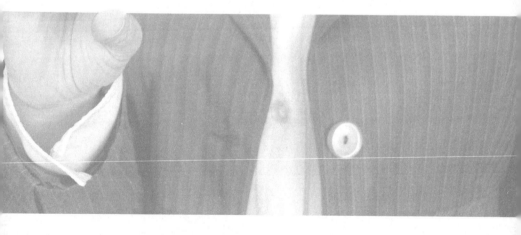

7장

일어나 네 자리를 들고 걸어가라

"예수께서 이르시되 일어나 네 자리를 들고 걸어가라 하시

니"(요 5:8)

복음서들은 예수님의 치유 능력에 관해서 주목할 만한 예들을
우리에게 제공한다. 예수님으로 인해서 병이 나은 수많은 사람들
이 있다. 만일 예수님이 치료자이건 아니건 상관없이 당신에게 언
제든 격려가 필요하다면, 마태복음, 마가복음, 누가복음, 요한복음
을 읽어라.

놀랍게도, 요한복음에는 치유 기적이 아주 적게 나온다. 그러나
요한복음에는 신학적으로 완벽하고 성경에서 치유를 실제로 보여
주는 한 예가 기록되어 있다.

베데스다 연못

요한복음 5장에서, 예수님은 유대인의 명절이 되어 예루살렘에 가셨다. 그리고 베데스다라고 불리는 연못에 도착하셨다. 히브리어로 Bethesda는 '은혜의 집'(스트롱, G964)을 의미한다. 이것은 특별한 의미가 있다. 그 이유는 치유에 관심을 갖고 계신 하나님의 의도를 우리에게 드러내고, 하나님의 자애와 연민을 보여 주기 때문이다. 베데스다는 아버지의 마음이라는 그림을 우리에게 보여 준다.

우리가 이미 살펴보았듯이, 믿음의 작동은 하나님의 뜻을 아는 것에 근거한다. 당신의 인생에 관심을 갖고 계시는 하나님의 뜻을 더 많이 알수록, 당신의 믿음은 더욱더 강하게 된다. 베데스다 연못에서, 예수님은 많은 병자, 맹인, 무기력한 사람, 다리 저는 사람, 혈기 마른 사람들이 물의 움직임을 기다리는 것을 발견하셨다. 성경은 어떤 때에 천사가 연못에 내려와서 물을 휘저었다고 기록한다. 그리고 그들은 그 사실을 믿었다. 들어가는 사람은 그들이 어떤 병에 걸렸든지 또는 어떤 상태에 있든지 나았다.

놀라운 것은 사람들이 병은 받아들이는 것이 아니라는 것을 본질적으로 알았다는 것이다. 오늘날 우리의 문화는 병을 삶의 한 방편으로 받아들이고 있다. 우리는 그야말로 그것에 동의하게 된다. 그러나 그 당시만 해도 최소한 사람들은 자신이 이런 상태로 머무를 수 없다는 것을 알 수 있는 충분한 감각이 있었다. 더 좋은 것이 있었다!

예수님은 연못에서 38년 동안 병을 앓던 한 사람을 발견하셨다. 알다시피 그 사람은 매우 오랜 기간 거기에 있었다. 예수님은 그 사람에게 심오한 질문을 던지셨다: "네가 낫고자 하느냐"(요 5:6).

여러 가지 이유로 이것은 강력한 질문이었다. 첫째, 그 사람의 마음의 동기를 시험하셨다. 대다수의 사람들은 치유를 원한다고 말한다. 그러나 실제로 그들은 자신의 상황에 자족하게 된다. 이 사람은 일생 동안 바로 그곳에 있었다. 그는 예수님의 질문에 대답했다: "나를 도와주는 사람이 아무도 없습니다. 내가 연못에 들어가려 할 때마다 누군가 나보다 먼저 들어갑니다"(요 5:7을 보라).

이것이 많은 사람들이 살고 있는 진짜 이유다. 그들은 자신이 처한 상황을 변명한다. 그들은 또 모든 사람들을 탓한다. 그들은 시간을 탓한다: "나는 너무 오래 여기에 있었어!" 그들은 사람을 탓한다: "아무개는 나에게 상처를 줬어. 내가 아픈 이유가 그거야." 그들은 환경을 탓한다: "나는 치료 시간에 갈 수 없었어!" 불행하게도 이것들은 비논리적인 변명이다. 이런 사람들 때문에 예수님께서 그 사람의 동기를 물으셨던 것이다.

예수님이 질문하셨던 두 번째 목적은 그 사람의 의지를 시험하기 위해서였다. 우리가 그것을 어떻게 보든, 믿음은 항상 자유의지를 포함한다. 우리는 믿음이 요구되는 일을 할 때 우리의 의지를 행사해야 한다. 그래서 예수님은 그 사람의 무기력한 육체적인 상태와 관련된 모든 것을 말씀하시기 전에, 그의 의지를 말씀하셨다.

그 사람의 동기를 테스트하신 후, 다음으로는 그 사람의 사고방식을 시험하셨다. 치유를 받을 때 우리의 사고방식은 매우 중요하다. 그 무기력한 사람은 피해의식을 갖고 있었다. 그는 자기를 위해서 무엇인가 해 줄 사람과 하나님을 기다리고 있었다. 사랑하는 자여, 많은 사람들이 자신의 환경을 변화시켜 줄 사람들을 기다리는 동안 무덤으로 가 버렸다. 사실 하나님은 우리의 삶 가운데 치유가 일어나도록 모든 것을 제공하셨다. **하나님은 우리를 기다리고 계신다.**

"네가 낫고자 하느냐?" 하는 예수님의 질문의 세 번째 관점은 완전하도록 요청하는 것이다. 때로는 우리에게 지금 당장 한 가지 상황이 더 나아지는 것만으로는 충분하지 않다. 하나님은 우리에게 변화되는 것보다 더 많은 것을 원하신다. 하나님은 우리가 온전하기를 원하신다. 이것은 기독교를 경험하는 데 대단히 중요한 열쇠다.

하나님은 우리가 축복과 은혜를 누리기 원하시는 만큼 우리를 위한 축복과 은혜를 갖고 계신다. 하나님께서 원하시는 것은 살아가면서 그 축복과 은혜가 드러나기를 우리가 소망하는 것이다. 좋은 아버지가 원하는 것은 자녀들이 자신의 삶에 아버지가 관여하기를 바라는 것이다. 하나님께서 원하시는 것은 우리가 하나님의 가장 좋은 것을 소망하는 것이다. 이것은 하나님 아버지의 마음을 어느 정도 보여 주는 것이다.

예수님께서 날카로운 질문을 하시기 전까지 이 무기력한 사람은 자신이 완전해질 수 있다는 가능성을 잃어버렸을지도 모른다. 생계는 하나님께서 약속하신 소망을 잃어버리게 하는 원인 중에 하나다. 그러나 우리에겐 그 약속을 붙잡을 수 있는 선택권이 있다!

시간은 요소가 아니다

어떤 사람들은 오랜 시간 동안 이런 환경에 있었기 때문에 상황을 변화시킬 수 있는 방법은 결코 없다고 믿는다.

전혀 사실이 아니다! 당신을 이런 상황에 처하게 만든 긴 시간은 하나님의 능력과 관계없다. 한 가지 중요한 요소는 하나님의 말씀을 믿으려는 당신의 자발적인 마음이다.

이 무기력한 사람은 진지한 질문을 받았다: "네가 낫고자 하느냐?" 하나님은 오늘을 살아가는 우리를 향하여 똑같은 질문을 던지신다. 우리는 무엇을 원하기 전에 결심해야 한다. 그래야 우리는 하나님께서 주시는 모든 것을 진심으로 받아들일 수 있다. 야고보서 1장 8절은 말한다: "두 마음을 품어 모든 일에 정함이 없는 자로다." 두 마음은 하나님께서 주시는 것을 받지 못하도록 막는다. 우리는 원하는 것을 결심해야 한다. 그러면 하나님께서 우리 것이라고 말씀하신다.

두 마음을 품게 한 가장 큰 원인 제공자 둘은 하나님의 말씀에 대한 무지와 거짓된 가르침이다. 우리가 하나님의 약속에 대해서 무지하다면 삶에서 이런 약속들이 나타나도록 자신 있게 요구할 수 없게 된다. 만일 우리가 아픈 것이 하나님의 완전한 뜻이라는 잘못된 가르침을 듣고 있다면, 우리는 하나님으로부터 치유를 받지 못할 것이다.

이런 요소들이 작용할 때 우리는 두 마음을 품게 된다. 야고보서 1장 8절에서 "두 마음"으로 번역된 헬라어는 dipsychos이다. 이것은 '각기 다른 관심을 가지다' 또는 '불안정하게 되다' (스트롱,

G1374)라는 의미다.

교회 안의 많은 사람들이 이와 같다. 그들의 관심은 각기 다르다. 어느 날 그들이 하나님께 자신을 치유해 달라고 요구한다. 다음 날 그들은 "**만일** 그것이 당신 뜻이라면" 하고 하나님께 말한다. 그들은 그야말로 매우 혼란스럽다.

우리가 이런 곤경에 처할 때 꿋꿋하게 흔들리지 않는 것과 살면서 하나님의 약속을 내 것으로 만들기는 어렵다.

일어나!

연못가에 있는 이 무기력한 사람에게 예수님께서 두 번째 하신 말씀은 그를 놀라게 했을지도 모른다. 예수님은 말씀하셨다: "일어나 네 자리를 들고 **걸어가라**" (요 5:8, 굵은 글씨는 저자 강조).

잠시 예수님의 말씀을 살펴보자. 이 무기력한 사람에게 한 첫 번째 명령은 "일어나"였다. 이 단어는 헬라어로 egeiro다. 그 의미는 '죽음과 같은 잠에서 깨우다' (스트롱, G1453)이다. 다시 말해서, 죽음에서 깨운다는 의미다.

이 무기력한 사람은 감정적으로, 영적으로, 육체적으로 죽은 상태였다. 비록 그가 일할 수 있는 능력이 있다고 하더라도 그는 죽은 거나 다름없었다. 이것이 심오한 영적 원리다. 예수님께서 그 사람에게 "일어나"라고 명령하셨을 때, 그것은 동정하는 마음에서 행동한 것이었다. 생명을 주는 능력이 포함된 이 말은 그 사람이 이 상황에서 깨어나기 위해서, 죽음에서 깨어나기 위해서, 일어서기 위해서 필요했다.

예수님은 이 무기력한 사람의 능력에 근거하여 명령하지 않으셨다. 그 사람에게 생명을 주기 위해서 하나님의 말씀의 능력에 근거하셨다.

그것은 당신의 능력에 관한 것이 아니다

아주 많은 사람들이 자신의 능력을 통해서 치유를 받으려고 시도한다. 그들은 하나님의 말씀의 권능을 알지 못한다. 우리가 하나님의 말씀을 공부하고 묵상할 때, 그것은 우리의 영에 생명을 주는 씨를 뿌리는 것이다. 그 씨는 열매를 맺게 될 것이다. 예수님은 이 무기력한 사람에게 손을 대지 않으셨다. 예수님은 단지 말씀만 선포하셨다. 예수님은 그 사람에게 "일어나"라고 말씀하셨다. 이 말은 그 사람이 처한 현재 상황의 굴레를 깨뜨리는 데 필요한 모든 것이었다.

예수님께서 말씀하신 바로 그 말은 그 사람이 38년 동안 아파서 누워 있는 상태에서 벗어날 수 있게 해 주는 생명을 주는 힘이 되었다. 하나님의 말씀은 그야말로 그의 몸 전체에 스며들었고, 근육과 신경계에 들어갔고, 죽은 세포에 생명을 주었다.

예수님은 우리를 위해서도 이와 같이 하고 싶은 생각이 간절하시다.

·····

기도의 능력

하나님 아버지, 하나님의 말씀을 따라서 저는 명하고 선포합니다: "나는 성령의 능력으로 완전하게 되었다. 나의 몸을 괴롭히는 모든 관절염 증상은 하나님의 말씀, 예수님으로 인하여 역전되었다. 게다가 나는 나의 신장, 간, 중추신경계, 심장, 뇌, 근육 조직, 면역체계, 폐, 백혈구, 뼈, 관절, 골수에게도 말한다. 지금 이 순간 모든 신체 부위들은 건강하고 튼튼하게 일어날 것을 선포한다." 예수님의 이름으로 기도드립니다. 아멘.

Chapter 8

Faith Is the Key

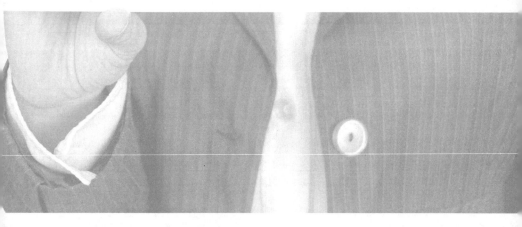

8장

믿음이 열쇠다

"예수께서 그들에게 대답하여 이르시되 하나님을 믿으라 내
가 진실로 너희에게 이르노니 누구든지 이 산더러 들리어 바
다에 던져지라 하며 그 말하는 것이 이루어질 줄 믿고 마음에
의심하지 아니하면 그대로 되리라" (막 11:22~23)

신성한 치유를 받고 행하기 위해서 우리가 할 수 있는 가장 중요
한 태도 중에 하나는 믿음이다. 믿음은 그리스도인들의 삶에서 다
른 무엇보다도 가장 중요하다. 하나님의 은혜와 축복을 경험하기
위한 조건은 믿음을 통해서다. 흥미로운 것은, 믿음은 매우 단순하
지만 많은 오해를 받고 있다는 것이다. 믿음은 교회에서 가장 오해
받는 주제 중 하나라고 나는 감히 말할 수 있다.

최근에 믿음에 대한 가르침이 많이 있다. 그리고 가르침 중에 어
떤 것은 이롭게 하기보다는 해롭게 하는 것이 더 많다. 마가복음에

서 예수님은 제자들에게 "하나님을 믿으라"(Have faith in God)라고 말씀하셨다. 글자 그대로, 헬라어에서 예수님은 제자들에게 "하나님의 믿음을 가지라"(Have the faith of God)고 말씀하셨다. 여기서 사용된 "믿음"이란 단어는 pistis란 단어다. 이 단어는 신뢰에 대한 생각과 '어떤 것의 사실에 대한 신념'(스트롱, G4120)을 포함한다. 이 경우에 어떤 것이란 명확하게 하나님을 말한다.

간단히 말해서, 믿음은 하나님의 말씀을 신뢰하는 것이다. 우리가 믿음으로 행할 때, 말씀하신 그분이 틀림없는 하나님이시라는 것과, 하나님께서 하실 것이라고 말씀하신 것은 정확하게 하실 것을 우리는 확신하게 된다.

레마(Rhema) 말씀

질문이 있다. 우리가 믿음을 어떻게 얻을 수 있는가? 누가복음 4장에서 예수님께서 광야에서 사탄에게 시험을 받으셨을 때, 사탄은 예수님에게 약을 올리려고 말했다: "네가 만일 하나님의 아들이어든 이 돌들에게 명하여 떡이 되게 하라"(눅 4:3). 이에 대하여 예수님은 다음과 같이 대답하셨다: "기록된바, 사람이 빵으로만 살 것이 아니요, 하나님의 모든 말씀으로 살 것이라"(눅 4:4, KJV). 예수님이 말씀하신 이 한 문장에서 우리는 믿음의 능력을 드러나게 하는 실마리를 찾을 수 있다.

사탄은 예수 그리스도의 인성이 진짜인지 시험하고 있었다. 예수님이 하나님의 아들인지 아닌지는 문제가 아니었다. 그러나 예수님은 사탄에게 모든 것을 입증하시기 위해서 자신의 인간성을 드러낼 의사는 없으셨다. 예수님은 인자로서 이 세상의 사역을 완수하셔야 했다. 예수님은 사탄에게 답하셨다: "사람이 떡으로만 살 것이 아니요 하나님의 입으로부터 나오는 모든 말씀으로 살 것이라"(마 4:4을 보라). 이 경우에 있어서, 예수님은 하나님의 말씀을 설명하기 위하여 헬라어 rhema를 사용하셨다.

우리는 rhema라는 단어는 '실제 목소리'를 나타낸다고 이미 살펴보았다. 예수님은 마귀와 우리에게 하나님의 말씀은 흑백 프린터 그 이상이라고 선포하셨다. 그것은 우리 안에서 살았고 운동력이 있다는 것을 의미한다.

우리가 읽었던 말씀을 듣기

성경을 읽는 것만으로는 충분하지 않다. 우리가 읽었던 말씀으로부터 성령의 계시를 **들어야** 한다. 간단히 말해서, 우리는 계시를 받아야 한다. 로마서 10장 17절은 "믿음은 들음에서 오며 들음은 하나님의 말씀에서 오느니라"(KJV)라고 말한다. 하나님의 말씀은 rhema다. 이것은 성경이 누가복음 4장 4절과 로마서 10장 17절에서 같은 단어를 사용한다는 의미다.

우리가 믿음을 얻을 수 있는 방법은 하나님의 말씀으로부터다. 우리가 말씀의 떡을 더 많이 먹거나 또는 더 많이 흡수할수록 그 말씀은 우리에게 더 많은 영향을 미치고, 우리는 더 많은 계시를 받는다고 성경은 말씀한다. 예수님께서 광야에서 40일을 금식하신 후에 마귀에게 대항할 수 있으셨던 이유는 예수님이 하나님이시기 때문만이 아니라, 권세와 능력의 근원인 하나님의 계시를 받았기 때문이다. 예수님은 하나님의 말씀에 대해서 확신하셨다. 말씀은 예수님의 내면에 살아 있었고, 운동력이 있었다.

우리가 하나님의 말씀을 묵상하면 할수록 우리는 그 말씀을 더 신뢰하게 된다. 믿음은 하나님의 뜻이 어디에 있는지 알게 하고, 하나님의 뜻에 따라서 행동하도록 영향을 끼친다. 우리가 하나님의 뜻에 대해서 무지할 때 우리는 진짜 믿음을 발휘할 수 없다.

몇 년 전에 나에게 질문하는 한 친구와 대화를 나눴다: "하나님은 왜 어떤 사람은 치유하시고 어떤 사람은 치유하시지 않는 거지? 치유를 못 받은 사람들이 낫는 것이 하나님의 뜻이 아니라면 치유가 가능할까?"

이것은 매우 격한 토론이었다. 왜냐하면 그 친구는 어떤 사람들은 자신의 치유와 평온한 죽음을 위해서 하나님을 믿는다는 사실을 내놓았기 때문이다. 이 이슈는 오늘날 교회에서 '성우'(sacred cows, 聖牛: 지나치게 신성시되어 비판이나 의심이 허용되지 않는 관습 또는 제도 등-옮긴이)가 되었다. 심지어 많은 교단들이 바로 이런 이유 때문에 믿음에 대해서 가르치지 못하게 말린다. 암암리에 포함되어 있는 진짜 문제는 하나님의 말씀이 절대적으로 진실한가, 그렇지 않은가 하는 것이다.

그리스도인들이 할 수 있는 가장 위험한 것은 다른 그리스도인들의 경험을 근거로 하여 하나님을 판단하는 것이다. 하나님은 오직 하나님의 말씀으로만 판단받을 수 있으시다. 자신의 치유를 위해서 하나님을 믿는다고 말한 후에 사람들이 죽는다고 해서, 하나님께서 하나님이라고 말씀하신 그분이 하나님이 아니라는 의미는 아니다.

문제는 불신앙이다. 사람들이 하나님의 말씀을 믿는다고 말한다 해서 그들이 진짜 그렇다는 의미는 아니다. 믿음은 성경 구절을 인용하는 것, 또는 감정의 반응이 아니다. 믿음은 하나님의 말씀의 권위에 근거한 **확신**이다. **확신**은 '어떤 것에 대해서 증명이나 증거가 필요 없는 흔들리지 않는 믿음'으로 정의된다.

간단히 말해서, 진짜 믿음은 우리가 보는 것이나 느끼는 것으로 인해서 바뀌지 않는다. 믿음은 오직 하나님의 말씀에 근거한다. 믿음은 하나님의 말씀을 말하는 것, 그리고 주장하는 것 그 이상이다. 믿음은 우리가 바라는 것을 긍정적으로 단언하는 것이 아니다. 믿음은 하나님의 말씀이다. 믿음으로 행하면 하나님의 성령에 의해서 하나님의 말씀은 절대적으로 사실이라는 계시를 받게 된다. 간단히 말해서, 우리는 믿음으로 말미암아 행동하게 될 것이다.

히브리서 11장 1절은 말한다: "믿음은 바라는 것들의 실상이요 보이지 않는 것들의 증거니." "실상"이란 단어는 헬라어로 hupostasis이다. 그 의미는 '지지하는 생각을 전하다', 또는 좀 더 문자적으로는 '토대'(스트롱, G5287)이다.

다시 말해서, 우리의 믿음은 우리가 의존하는 것이다. 많은 사람들이 교회에서 믿음 운동이라는 것을 통하여 믿음으로 말하는 것을 배웠다. 그러나 그들은 아직도 믿음으로 행하는 법을 이해하지 못한다. 성경적인 믿음은 마음으로 인정하는 것이 아니다. 성경적인 진짜 믿음이란 하나님의 말씀에 근거한 계시다. 우리는 믿음에 의존할 수 있다. 믿음이란 우리가 확신하는 것의 실체화다.

이것은 성경의 가장 중요한 사실들 중에 하나다. 그 이유는 우리의 아는 능력과 하나님으로부터 받는 모든 것은 믿음에 근거하기 때문이다. 우리는 치유됐다고 믿는다. 왜냐하면 하나님께서 우리는 치유됐다고 말씀하셨기 때문이다. 우리는 하나님의 말씀에 기초할 수 있다고 믿는다. 그 이유는 하나님께서 자신의 말씀이 확실한 기초라고 말씀하시기 때문이다.

여기에 믿음을 설명하는 다른 방법이 있는데, 그것은 우리에게 약속된 권리증서라는 것이다. 그 권리증서는 소유권을 입증하는 증명서다. 그 증명서는 우리의 삶에서 하나님의 말씀의 나타남을 당신과 내가 받게 될 것을 보장한다.

치유는 미래에 일어날 일이 아니다

모든 것을 언급했듯이, 사람들은 왜 자신의 치유를 위해서 하나님을 믿는 것이 그렇게 어려울까?

간단하다! 그들은 치유를 미래에 일어날 일로 본다. 치유는 이미 일어난 일이라는 것을 그들은 깨닫지 못한다. 예수님은 우리의 치유를 위해서 이미 대가를 지불하셨다. 당신과 내가 하나님의 말씀을 신뢰한다면, 우리는 그리스도께서 이루신 일이 우리의 삶에서 드러나도록 요청하게 된다.

하나님은 누군가를 치유하실 **예정**이 아니다! 하나님께 당신을 치유해 달라고 요청하는 것은 공장에서 출고된 신차를 구입하는 것과 같다. 하나님은 당신이 언젠가 그 차를 사용할 수 있기를 바라고 소망하신다. 차는 한 가지 방법으로 운전할 수 있게 만들었다.

진짜 자동차는 열쇠로 시동을 걸고 차를 움직이게 한다. 자동차는 움직일 수 있도록 제작되었다. 자동차는 움직이는 데 필요한 모든 것을 갖추고 있다. 그러나 그 차의 모든 기능을 작동시키기 위해서 당신은 반드시 열쇠를 가지고 있어야 한다.

믿음이 그 열쇠다!

. . . . .

기도의 능력

하나님 아버지, 하나님의 말씀으로 인하여 감사합니다. 하나님의 말씀은 믿을 수 있고 진실하기에 저는 하나님의 말씀을 신뢰합니다. 그러므로 저는 하나님의 말씀의 내용과 토대에 의존합니다. 하나님께서 약속하신 모든 것은 그리스도께서 십자가에서 이루신 일을 통하여 이미 성취되었음을 확신합니다. 저는 마음에 하나님의 말씀을 둡니다. 하나님의 말씀에 따라서 어떻게 행동해야 할지 저에게 보여 주셔서 감사합니다. 오늘 저는 예수 그리스도께서 이루신 일을 요청합니다. 그리고 삶의 모든 영역에서 하나님의 말씀이 드러나기를 전적으로 기대합니다. 예수님의 이름으로 기도드립니다. 아멘.

Chapter 9

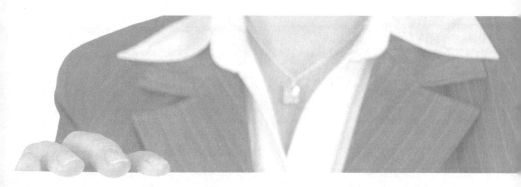

Confess the Word

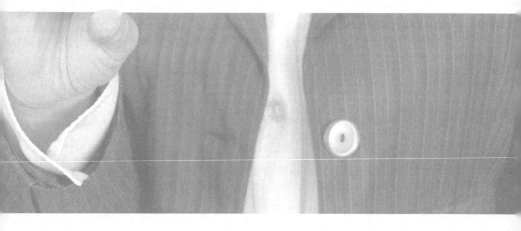

9장

말씀을 시인하라

"네가 만일 네 입으로 예수를 주로 시인하며 또 하나님께서
그를 죽은 자 가운데서 살리신 것을 네 마음에 믿으면 구원을
받으리라" (롬 10:9)

하나님의 말씀은 시인(是認)이 기독교를 경험하는 데 없어서는
안 될 요소라는 것을 분명히 밝힌다. 사실상 시인은 거듭난 경험을
하는 데 주요한 관점 중 하나다.

로마서 10장 9절에서 "시인하며"로 표현한 단어는 헬라어
homologeo다. 본질적으로 이 단어는 '이미 말한 것'(스트롱, G3670)을
의미한다. 이 개념은 누군가 또는 어떤 것과 말로 허락하고 동의하
는 것이다.

당신은 이 단어가 치유와 무슨 연관이 있냐고 물어볼지도 모르
겠다. 나의 대답은 **모든 것**과 연관이 있다는 것이다. 성경은 진실한

시인은 우리의 믿음 시스템으로부터 나온다고 말하고 있다. 바울 사도는 고린도후서 4장 13절에서 우리가 믿었으므로 말한다고 주장한다.

그리스도는 우리의 죄와 치유를 위해서 십자가에서 돌아가신 것을 우리가 믿는다고 말하는 것만으로는 충분하지 않다. 또한 우리는 하나님의 말씀이 언급하는 것을 말해야 한다. 교회의 가장 큰 문제 중 하나는 거듭난 성도라고 주장하는 사람들이 하나님께서 말씀하시는 것과 반대로 말하고 있는 자신을 종종 발견한다는 것이다.

진정한 시인을 하기 전, 우리는 하나님의 말씀에 분명히 동의해야 한다. 하나님의 말씀에 동의할 때, 우리는 하나님은 옳고 모든 것과 모든 사람이 잘못됐다고 말하게 된다. 종교와 전통이 어떻게 말하든지 하나님의 말씀은 성도들의 삶에서 최고의 권위임에 틀림없다. 그 점에 있어서 많은 어려움이 있는데, 많은 사람들이 하나님의 말씀은 절대 진리라고 마음을 정하지 않고 마음으로 신뢰하지 않는다는 것이다.

시인과 믿음

하나님의 말씀을 시인하는 것은 우리가 하나님의 말씀에 전적으로 동의하고 말씀의 권위에 복종한다고 선포하는 것이다. 이것은 마음속에서, 그리고 입에서 일어나는 치열한 전투다. 성경은 우리가 입으로 시인하고 마음에 믿는 것이라고 말한다(롬 10:9을 보라). 시인과 믿음은 원하는 결과(구원)를 만들어 내도록 서로 협력하여

일한다.

구원이란 단어는 많은 것을 내포하고 있다. 그러나 이번 장의 목적 때문에 우리는 이 단어의 가장 기본적인 사용에 대해서 살펴볼 것이다. 구원은 헬라어로 sozo이다. 이 단어는 로마서 10장 9절에서 "구원을 받다"로 번역되었다. Sozo는 '구원하는 것', 즉 '~를 구조하다 또는 보호하다'(스트롱, G4982)라는 의미다.

구원이라는 개념은 단순히 도덕적으로 변화하는 것 이상이다. 구원은 악과 위험으로부터의 구조 그리고/또는 회복을 나타낸다. 이런 의미에서 구원은 또한 병에도 적용된다. 그리스도의 죽으심을 통해서 하나님은 아담으로부터 내려온 죄의 저주로부터 인류를 구원하셨을 뿐만 아니라, 저주의 결과인 죽음, 가난, 병으로부터 우리를 구원하셨다.

시인하는 것과 믿는 것은 성경적인 사실에 동의하고 지지하게 되는 것이다. 어떤 사람이 예수 그리스도는 주님이시고 죽음에서 부활하셨다고 시인한다면, 그 사람은 하나님의 말씀은 사실이라고 주장하고 있는 것이다. 그 사람은 예수님을 위해서 자신의 삶에 대한 통제권을 포기할 것이다. 그리고 그 사람은 상황을 초월하여 예수님의 주님 되심을 선포할 것이다.

병이 당신의 생명을 건드린다는 의미는 하나님과 당신과의 언약 관계를 침해하는 것이다. 병은 불법 침입자다.

말씀의 권위
우리가 하나님의 말씀을 믿고 따르고 우리의 입으로 그 말씀을 선포하게 되면 그것은 능력과 권위로 나타난다. 이것이 우리가 말씀을 시인하지 못하도록 사탄이 싸우는 이유다. 사탄은 말씀의 능력을 인정한다. 그래서 사탄은 최근에 원칙을 지키는 종교적인 사람들과 관련된 스캔들과 부정적인 보도를 시인하도록 만들어서 그들을 믿지 못하도록 시도해 오고 있다. 그러나 이것은 하나님의 말씀인 진리와는 관계없다.

우리는 사탄에 편승하지 않기 위해서 매우 조심해야 한다. 만일 하나님의 말씀이 그것이라고 말하면, 당신은 그것을 믿어야 한다. 그것을 받아들여야 하는 것이다!

나는 어떤 유명한 목회자가 텔레비전에서 말하는 것을 들었다: "우리는 균형을 잡아야 합니다! 정신 좀 차리세요!" 내 생각은 조금 다르다. 그리스도인들에게 균형을 잡으라고 말하는 하나님의 말씀은 성경 어디에도 없다. 믿음은 급진적이다! 믿음은 아주 어리석게 보인다.

이것이 많은 그리스도인들이 치유를 받지 못하는 이유라고 나는 믿는다. 그 이유는 그들이 '균형' 이라는 이름으로 성경의 진리를 거부했기 때문이다. 균형은 두려움에 적합한 단순한 암호 문자다. 만일 예수님께서 균형 잡히셨더라면, 예수님은 절대로 맹인을 치유하거나 죽은 사람을 살리거나 악한 영들을 내쫓지 못하셨을 것이다. 이런 모든 일들은 하나님의 말씀의 권위가 완전히 없어졌을 때 나타난다.

치유를 우리 자신의 것으로 만들기 위해서는 우리의 입을 열고 말씀이 언급하는 것을 정확하게 우리 삶에 선포하기 시작해야 한다. 적이 거짓 중상을 가져다줄 때, 우리는 하나님의 말씀인 진리를 우리 몸에 선포해야 한다. 우리는 앞으로 병에게 말해야 한다. 제멋 대로 말해서는 안 되고, 말씀이 언급하는 것을 말해야 한다.

간증: 부비강(副鼻腔)이 치료되다

성도 중 한 명이 몸에 축농증 형태의 병으로 공격을 받고 있었 다. 그의 아내는 아주 가끔씩 말씀을 듣고 있었다. 그러나 그녀는 병은 하나님의 뜻이 아니라는 확신을 갖는 정도의 믿음은 있었다. 그녀의 남편이 한밤중에 기침하고 고생을 할 때, 그녀는 대담하게 침대에서 일어나 앉아 남편에게 손을 얹었다.

그녀는 말했다: "예수님의 이름으로 나을지어다!" 그런 후에 기 침이 그쳤다. 잠시 후 그는 다시 한 번 기침하기 시작했고 그녀는 또 다시 선포했다: "나을지어다!" 말할 필요 없이 기침은 멈췄고, 다시 기침하지 않았다.

우리는 이와 같은 무수한 예를 보았고 들었다. 사탄은 치유가 이 렇게 단순하다는 것을 교회가 믿지 않기를 원한다. 사탄은 우리의 구원이 우리의 입에 달렸다는 것을 교회가 믿지 않기를 원한다.

내가 당신에게 "당신의 치유는 단순히 시인하는 것입니다"라고 말했다면 어땠을까? 당신의 몸이 어떻든지 상관없고, 당신의 입에 있는 하나님의 말씀은 당신을 구원하는 데 충분하다고 말했다면 어땠을까?

그것은 사실이다!

하나님은 말씀으로 세상을 창조하셨다. 그리고 하나님은 우리에게 자신이 창조하신 세상을 **우리의** 말로 지배하도록 명하셨다. 하나님의 말씀에 내포된 생명을 주는 능력은 이루어져야 한다.

당신 자신에게 말하라. 비록 증상이 당신의 삶 속에 존재한다 할지라도, 당신은 주님에게 치유받은 사람이라고 당신 입으로 선포하라.

식물에게 하는 말이 식물의 성장을 돕는다는 것은 과학적으로 입증되었다. 말이 식물에게 어떤 영향을 줄까? 식물은 살아 있는 유기체다. 그리고 하나님은 말씀으로 살아 있는 모든 것을 창조하셨다. 살아 있는 모든 것은 말씀에 반응하도록 만들어졌다.

우리의 몸도 이와 똑같은 지배체제 아래에 있다. 우리가 어떤 일이 일어나거나 또는 중단되길 원할 때, 우리는 그것을 말해야 한다. 이것은 특별히 암과 종양의 분야에 매우 유용하다. 암이나 종양에게 말하라: "암아, 예수 그리스도의 이름으로 내가 멈추고 그만둘 것을 명한다. 나는 암의 뿌리까지도 저주한다."

간증: 암이 뿌리째 바싹 마르다

한 여성이 기도를 받기 위해 우리 부부에게 왔다. 1년 6개월 전에 그녀의 등에 생긴 종양이 암으로까지 발전된 것이다. 그녀가 기도를 받으러 왔을 때 나에게 성령의 기름부으심이 흘렀다. 나는 그녀에게 말했다: "죽지 않고 살아서 여호와께서 하시는 일을 선포하리로다"(시 118:17).

내가 그녀에게 이 말을 했을 때 그녀는 성령 안에서 쓰러졌다. 그리고 이틀 후 주일 아침 예배를 드리던 중 나는 그녀에게서 암 종양이 말라 죽었고, 샤워하는 중에 등에서 떨어져 나갔다는 메시지를 받았다.

주님이신 예수 그리스도를 찬양하라! 하나님의 말씀은 절대로 헛되이 되돌아오지 않을 것이다(사 55:11을 보라). 상황이 어떻든지 상관없이, 우리는 담대하게 하나님의 말씀을 시인해야 한다.

• • • • •

기도의 능력

하나님 아버지, 저의 치료자 되시며 구원자 되시는 하나님께 예수 그리스도의 이름으로 지금 나아갑니다. 저는 로마서 10장 9~10절 말씀에 따라서 하나님의 말씀을 시인합니다. 저는 하나님의 말씀은 절대적인 진리이며 회복하는 능력이 있다는 것을 믿습니다. 하나님의 말씀에 따라서, 저는 주님에게 치유받은 자임을 지금 시인합니다. 저의 입은 앞으로 오직 하나님을 영화롭게 하는 말만 할 것입니다. 저는 생명이 나오는 말을 하고, 저의 모든 인체 조직에 생명이 스며들게 하겠습니다. 예수님의 이름으로 기도드립니다. 아멘.

Chapter 10

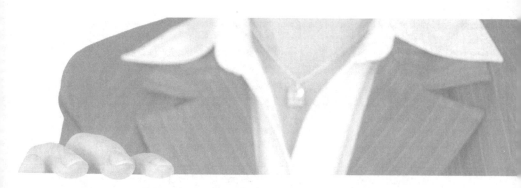

Sin's Effect on Healing

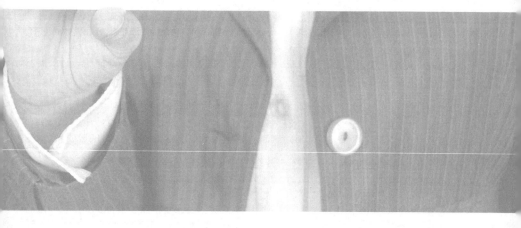

10장

치유에 미치는 죄의 영향

"믿음의 기도는 병든 자를 구원하리니 주께서 그를 일으키시
리라 혹시 죄를 범하였을지라도 사하심을 받으리라" (약 5:15)

    치유와 관련해서 우리가 듣는 흔한 오해는 죄가 성도들이 치유
받지 못하도록 막는다는 것이다. 이것은 성경적이지도, 논리적이
지도 않은 말이다.

    교회의 많은 지도자들이 선의든 선의가 아니든, 아픈 이유가 우
리가 살면서 죄를 범했기 때문이라고 많은 사람들에게 말해 왔다.
이것은 하나님의 말씀이 말하고 있는 것과 일치하지 않는다. 우리
가 수용하고 있는 모든 신학적인 믿음은 하나님의 단호한 말씀에
근거한 것임을 나는 계속해서 되풀이하여 말할 것이다. 많은 사람
들이 자신은 하나님의 말씀을 믿는다고 말한다. 그러나 그들은 이
성과 논리를 통해서 하나님의 말씀을 무효로 만들려고 노력한다.

당신이 치유와 관련된 하나님의 말씀을 오해해서는 치유의 축복을 절대로 받을 수 없을 것이다.

누가 죄를 지었을까?

제자들은 예수님께 어떤 사람이 맹인으로 난 것이 부모의 죄로 인함인지 자기 자신의 죄로 인함이지를 물었다(요 9:2을 보라). 그 당시 사람들은 모든 병을 죄나 악과 결부시켰다.

지금은 모든 병이 본질적으로 악하다는 것에 주목하는 것이 중요하다. 그 이유는 병은 하나님의 최초 계획과 관계가 없기 때문이다. 그러나 이 사람에 관해서 예수님은 매우 흥미로운 것을 말씀하셨다: "이 사람이나 그 부모의 죄로 인한 것이 아니라 그에게서 하나님이 하시는 일을 나타내고자 하심이라"(요 9:3).

여기서 예수님은 변화를 주셨고, 반종교적인 동시에 반문화적인 견해를 제시하셨다. 그들은 심각한 독선주의와 미신의 사회에서 살았다. 하지만 예수님은 모든 사람들의 패러다임에 상처를 주셨다. 맹인에게 제시한 이유는 죄가 아니라 하나님의 일을 드러낼 기회라는 것이다. 그 사람의 상황은 분명히 해결되어야 할 정도로 나빴다. 그러나 그 사람은 치유받을 자격이 없다고 느끼게 만든 사고방식을 갖고서는 격려받을 수 없었다.

병이 하나님으로부터 왔을까? 성경은 이 구절을 통해서 이것을 아주 명료하게 한다. 만일 하나님께서 그 사람이 실명한 책임이 사람에게 있다고 하셨다면, 그것은 하나님께서 하시는 일을 나타내고자 말한 것이 아닐 것이다. 왜냐하면 실명 그 자체가 하나님께서 하시는 일이 되기 때문이다.

사도 요한도 요한일서 3장 8절에 다음과 같이 썼다.

> "죄를 짓는 자는 마귀에게 속하나니 마귀는 처음부터 범죄함
> 이라 하나님의 아들이 나타나신 것은 마귀의 일을 멸하려 하
> 심이라"

예수님은 병을 멸하기 위해서 오셨다

성경은 예수님께서 마귀의 일을 멸하려 오셨다고 말한다. 실명
은 멸해야 될 마귀의 일이다. 그것을 어떻게 멸할까? 맹인을 치유
함으로 하나님의 일을 드러내시는 예수님에 의해서다.

여기서 중요한 점은 죄는 예수님의 치유 능력을 막는 장벽이 되
지 못한다는 것이다. 많은 사람들이 자신이 아픈 것은 죄 때문이라
고 확신한다. 그러므로 심지어 자신이 삶 속에서 사탄의 일을 다루
고 있다는 사실에 대해서 고심하지도 않을 것이다.

예수님은 제자들에게 병은 죄의 문제가 아니라 하나님의 능력
의 문제라는 것을 보여 주기 위해서 노력하셨다. 당신은 아파야 될
이유가 없다. 당신의 인생에 병을 받아들이지 말라! 당신이 살면서
범한 죄에 근거해서 병을 받아들이는 것은 당신이 하나님의 말씀
에 있는 약속을 확실히 당신 것으로 만들 수 없도록 막을 것이다.

야고보서에 기록된 말씀이 이 진리를 심오한 방법으로 이해하
게 만든다. 야고보서 5장은 강하게 말하고 있다. 우선, 교회에 병든
자가 있느냐고 묻는다(약 5:14을 보라). 이 말에서 우리는 초대 교회의

모습을 그려 볼 수 있다. 초대 교회의 성도들은 아프지 않았다.

야고보가 두 번째로 말하는 것은 교회의 장로들을 청하라는 것이다(약 5:14을 보라). 이것은 사람이 자신의 병에 만족하지 말라는 것이다. 초대 교회의 모든 사람들은 병이 나쁘다는 것을 알았다. 그들은 병을 하나님의 뜻으로 받아들인다고 말하지 않았다. 교회의 지도자들이 누군가에게 병을 하나님의 뜻으로 받아들이라고 말하는 것은 잔혹 행위다!

다음으로, 야고보는 성령의 기름부으심을 상징하는 기름을 바르라고 성도들에게 말한다. 그 후에, 믿음의 기도는 병든 자를 구원할 것이고, 혹시 죄를 범하였을지라도 사하심을 받을 것이라고 말한다(약 5:14~15을 보라).

이 구절은 누군가의 신학적 환상을 깨뜨린다. 야고보는 우리에게 살면서 먼저 죄를 지으라고 말하지 않았다. 오히려 야고보는 믿음의 기도는 병든 자를 구원할 것이라고 말한다.

여기서 "믿음"이란 단어는 로마서 10장 17절에 사용된 믿음이란 단어와 같다. 헬라어로는 pistis다. 이 단어는 '신뢰' 또는 '확신'을 포함한다. 다시 말해서, 믿음의 기도는 병든 자를 구원시키는 신뢰의 기도다.

우리는 무엇을 신뢰해야 할까? 하나님의 말씀! 기도는 병든 자를 치유할 것이라고 말하지 않고 병든 자를 **구원**할 것이라고 말하는 것에 주목하라. '구원하다'란 단어는 로마서 10장 9~10절에 사용된 헬라어 sozo다. **구원**이란 단어는 악이나 위험으로부터 구조하는 것을 나타낸다. 사실 '아프다' 또는 '병'이란 단어는 신약성경에서 종종 '악' 또는 '고통'으로 번역된다. 야고보서 5장 14절에서, 병은 '약함' (스트롱, G770)을 말한다.

병은 악이다

구원이란 단어는 병의 속성을 설명하기 위해서 사용되었다. 병은 근본적으로 악이다. 마지막으로, 야고보서 5장의 구절은 병든 사람이 혹시 죄를 범하였을지라도 사하심을 받을 것이고, 주님은 그를 일으키실 것이라고 우리에게 말한다(약 5:15을 보라).

우리가 그리스도께 나아간다면, 그리스도는 우리가 구원받기 전에 살면서 범한 죄를 사하기 위하여 우리에게 묻지 않으신다. 대신 그리스도께 믿음으로 나아갈 때 우리는 죄의 굴레로부터 구원받는다. 그리스도는 구원하신다. 그리스도는 우리의 삶에서 죄를 멸하신다. 우리는 그리스도가 이루신 일을 단순히 믿는다. 그리고 그것에 대한 반응으로 우리는 그리스도께 순종한다.

치유도 다르지 않다. 어떤 사람을 구원하는 과정이나 치유하는 과정은 똑같다. 두 경우 모두 믿음의 기도가 수반된다. 하나님께서 우리를 구원하시려고 우리 죄를 사하신 것처럼, 하나님은 우리를 치유하시려고 우리의 죄 역시 사하신다. 사실 이것은 두 경우 모두 구원을 이루는 것이다.

당신이 살면서 죄를 범했기 때문에 하나님께서 당신을 치유하지 않으실 것이라는 제안은 터무니없는 것이다. 만일 어떤 죄인이 자신의 삶을 그리스도께 드리기 위하여 제단으로 나아온다. 그리고 우리가 그 죄인에게 "당신이 구원받기에는 살면서 너무 많은 죄를 지었어요"라고 말한다. 정말 터무니없지 않은가?

구원과 치유는 모두 예수 그리스도의 대속의 희생을 통해서 하나님의 은혜가 드러나는 것임을 우리는 반드시 기억해야 한다. 만일 우리가 하나님의 말씀을 신뢰하면서 믿음으로 하나님께 나아가면, 하나님은 우리의 삶 가운데 치유를 나타내실 뿐만 아니라, 우리의 죄를 용서하실 것이다(그리고 우리는 이미 용서받았다).

· · · · ·

기도의 능력

하나님 아버지, 하나님의 은혜에 감사합니다. 하나님의 말씀을 신뢰한다는 이유로 제가 구원받았을 때처럼 치유를 받았습니다. 예수님께서 저의 죄를 용서하기 위하여 오셨던 것처럼, 악한 병으로부터 저를 구원하기 위하여 오셨습니다. 제 인생의 모든 영역에서 하나님의 은혜를 나타내 주셔서 감사합니다. 예수님의 이름으로 기도드립니다. 아멘.

Chapter 11

Healing and Forgiveness

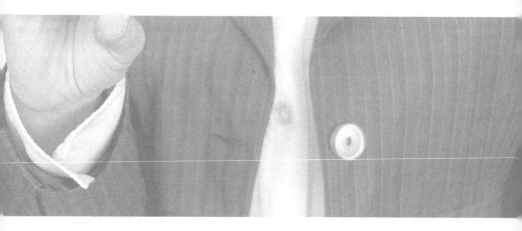

제11장

치유와 용서

"그러므로 내가 너희에게 말하노니 무엇이든지 기도하고 구하는 것은 받은 줄로 믿으라 그리하면 너희에게 그대로 되리라 서서 기도할 때에 아무에게나 혐의가 있거든 용서하라 그리하여야 하늘에 계신 너희 아버지께서도 너희 허물을 사하여 주시리라 하시니라" (막 11:24~25)

치유는 용서와 무슨 관계가 있을까? 이것은 많은 사람들이 오랫동안 생각하고 토의한 것 중 하나다. 나는 많은 병들이 용서를 싫어하는 결과일 수 있다는 말을 들었다. 이것이 사실일 수 있다고 믿기는 하지만, 병이 치유될 때 이것이 주된 쟁점이라고는 믿지 않는다.

성경은 마가복음 11장 24절에서 우리가 (믿음으로) 기도하고 구하면 무엇이든지 그대로 될 것이라고 말한다. 이것은 절대적인 선언이다.

다시 말하지만, 우리는 하나님의 말씀을 희석하는 종교와 전통을 허용하지 않도록 주의해야 한다. 하나님의 말씀은 그 말씀이 말하는 것을 정확하게 의미한다. 우리가 하나님께 무언가를 구하면, 하나님은 그것을 우리에게 주실 것이다. 충족할 수 있는 유일한 조건은 마음으로 믿는 것이다. 어떤 사람은 "혹시 그것이 하나님의 뜻을 벗어나는 것이라면?"이라고 말할지도 모른다. 우리는 하나님의 뜻을 벗어나는 진짜 믿음을 행사할 수 없다. 믿음은 하나님의 말씀을 신뢰하는 것임을 기억하라.

용서에 대한 논쟁은 예수님에게 매우 중요했다. 왜냐하면 예수님은 자신의 말로 용서에 대한 논쟁을 다루어야 했기 때문이다. 예수님이 그들에게 말씀하셨을 때는 예수님이 십자가에 달리시기 전이었기 때문에, 용서에 관한 예수님의 말씀은 신약 시대의 성도들에게는 적용되지 않는다고 말하는 것을 나는 꽤 여러 차례 들었다. 이것은 무책임하고 오만한 신학이다.

예수님의 말씀과 가르침은 서신서를 통해서 대부분의 사도들에 의해 성경적인 진리로서 인용된다. 신약 시대 이후를 살고 있는 우리는 이런 가르침에 의해 살고 있다. 예수님이 말씀하시는 것의 대부분은 예수님이 십자가에 달리시기 전에 명시되었다. 요점은 하나님의 말씀이 우리에게 맞지 않게 보일 때 우리는 하나님의 말씀을 묵살하지 말아야 한다는 것이다.

예수님께서 용서에 대해 왜 그렇게 선언하셨는지 이유가 있다. 진짜 믿음이 용서하지 않는 마음에서는 작용하지 않는다는 것은 단순한 진리다. 그 이유는 용서하지 않는 마음은 하나님의 은혜를 거부하기 때문이다.

용서를 거부하는 사람은 하나님의 말씀에 있는 약속을 내 것으로 만드는 데 필요한 신뢰가 부족하다. 용서를 거부하는 것이 당신이 치유받는 것을 막지는 못할 것이다. 그러나 그것은 당신의 믿음이 전과 같은 방법으로 일하지 못하도록 막을 것이다. 그리고 치유는 믿음으로 된다. 마음과 우리의 믿음이 있는 곳은 같다. 로마서 10장 9절에 따라서, 우리는 마음으로 믿는다.

간단히 말해서, 용서하지 않는 마음은 믿지 않는 마음이다. 당신이 누군가 용서하는 것을 거절한다면, 그 사람은 당신에게 우상이 된다. 우상이 당신의 마음을 막을 때, 당신은 하나님을 100퍼센트 신뢰할 수 없게 된다.

용서 그리고 사랑

갈라디아서 5장 6절에 따르면 사랑으로써 역사하는 믿음이 있다. "역사"에 사용된 헬라어는 energeo이다. 그 의미는 '활동적인 것'(스트롱, G1754)이다. 다시 말해서, 사랑(갈 5:6에서 agape)은 역사하는 믿음에 의한 힘이다. 사랑이 없으면 진짜 믿음은 작용할 수 없다. 사실 어떤 사람을 용서해 주지 않는 것은 하나님과 우리의 관계를 기소하는 것이다. 이것은 우리가 하나님의 말씀을 진짜로 신뢰하지 않는다는 것을 의미한다.

성경은 말한다. 만일 당신이 "사람의 잘못을 용서하지 아니하면 너희 아버지께서도 너희 잘못을 용서하지 아니하시리라"(마 6:15). 이것은 당신이 자신을 용서하지 않는 사람으로 만들면, 당신은 감옥에 있게 될 것이라는 의미다.

우리는 이런 일을 엄청나게 많이 보았다. 성도들이 믿음에 굳게 설 수 없는 이유는 마음에 분노와 비통함을 갖고 있기 때문이다. 이것은 성경에서 절대적으로 금하고 있다. 믿음이란 하나님에게서 좋은 것만 기대하는 것이 아니라, 하나님의 권위와 완전무결함을 전적으로 신뢰하고 믿는 것임을 우리는 기억해야 한다.

진짜 믿음은 언제나 순종을 통해서 입증된다. 하나님의 말씀에 순종하지 않으면, 우리가 믿음이라고 부르는 것은 오히려 종교적인 용어가 될지도 모른다. 우리가 분노하는 사람들 주변을 돌아다니면서 "우리는 치유받기 위해서 하나님을 신뢰한다"고 말할 수 없다. 말씀을 신뢰할 때 중요한 것은 우리 마음을 청결히 하는 것이다. 왜냐하면 말씀을 신뢰한다는 것은 불굴의 노력이 요구되기 때문이다. 많은 사람들이 용서하지 않는 문제로 사람들을 비난하기 위해서 다음과 같은 말을 사용하는 것은 사실이다: "당신이 아픈 이유는 당신이 증오에 찬 사람이기 때문이야." 나는 개인적으로 이와 같은 경우에 더 많은 지혜를 활용할 수 있다고 믿는다.

곧 알게 되겠지만, 어떤 병은 용서하지 못한 결과일 수 있다. 왜냐하면 용서하지 못하는 것은 고통의 영에게 기회를 주는 죄이기 때문이다. 다시 말해서, 용서하지 못하는 것은 악한 영이 일을 하도록 권한을 주는 환경을 낳는 것이다.

하나님은 그와 같은 상황에서 자주 지식의 말씀을 주실 것이다. 그러나 이것이 항상 논쟁거리는 아니라는 것을 우리는 깨달아야 한다. 사람들이 용서하지 못한 것을 모를 때가 있다. 그럼에도 불구하고 하나님은 은혜와 자비의 행위로 그들을 치유하실 것이다. 그러나 우리를 다치게 하고 피해를 준 사람을 알면서도 흔쾌히 용서하기를 거절할 때, 우리는 우리의 신앙생활에 손상을 입힐 수 있는 죄를 고의로 범하게 된다.

분노는 어둠을 낳는다

요한은 "빛 가운데 있다 하면서 그 형제를 미워하는 자는 지금까지 어둠에 있는 자요"(요일 2:9)라고 썼다. 만일 우리가 누군가를 미워하면 실제로 어둠에 있는 것이라고 성경은 우리에게 매우 분명하게 말한다.

이것은 용서와 어떤 관계가 있을까? 우선 우리는 사도 요한이 "미워하는"이라고 말했을 때 이것이 무엇을 언급한 것인지를 정의해야 한다. 미워하는 것이란 누군가를 혐오하는 것 또는 아주 싫어하는 것이다. 만일 우리가 형제나 자매를 미워하면, 우리는 실제로 어둠에 있게 된다고 성경은 말한다.

믿음은 하나님의 말씀인 진리에 근거한다는 것을 기억하라. 빛은 항상 성경의 진리와 계시를 의미한다. 하나님은 진리 가운데 임하신다. 어둠은 속이는 것과 죄를 의미한다. 하나님의 말씀은 만일 우리가 고의로 누군가를 분노하게 하면, 우리는 실제로 속이는 역할을 하는 것이라고 말한다. 속이는 것은 우리가 하나님을 신뢰하는 것은 사실이 아니라고 우리에게 말한다.

또 어둠은 사탄의 활동을 의미한다. 어둠은 악한 영들이 거하는 장소다. 악한 영들은 어둠 속에서 일할 수 있는 법적인 권리를 가지고 있다. 나는 앞에서 용서하지 못하는 것과 직접적으로 관련된 고통이 분명히 있다고 언급했다. 이것은 사실이고 성경적인 것이다. 이것을 마태복음 18장의 비유에서 확실하게 묘사하고 있다.

"그 때에 베드로가 나아와 이르되 주여 형제가 내게 죄를 범하면 몇 번이나 용서하여 주리이까 일곱 번까지 하오리이까 예수께서 이르시되 네게 이르노니 일곱 번뿐 아니라 일곱 번을 일흔 번까지라도 할지니라 그러므로 천국은 그 종들과 결산하려 하던 어떤 임금과 같으니 결산할 때에 만 달란트 빚진 자 하나를 데려오매 갚을 것이 없는지라 주인이 명하여 그 몸과 아내와 자식들과 모든 소유를 다 팔아 갚게 하라 하니 그 종이 엎드려 절하며 이르되 내게 참으소서 다 갚으리이다 하거늘 그 종의 주인이 불쌍히 여겨 놓아 보내며 그 빚을 탕감하여 주었더니 그 종이 나가서 자기에게 백 데나리온 빚진 동료 한 사람을 만나 붙들어 목을 잡고 이르되 빚을 갚으라 하매 그 동료가 엎드려 간구하여 이르되 나에게 참아 주소서 갚으리이다 하되 허락하지 아니하고 이에 가서 그가 빚을 갚도록 옥에 가두거늘 그 동료들이 그것을 보고 몹시 딱하게 여겨 주인에게 가서 그 일을 다 알리니 이에 주인이 그를 불러다가 말하되 악한 종아 네가 빌기에 내가 네 빚을 전부 탕감하여 주었거늘 내가 너를 불쌍히 여김과 같이 너도 네 동료를 불쌍히 여김이 마땅하지 아니하냐 하고 주인이 노하여 그 빚을 다 갚도록 그를 옥졸들에게 넘기니라 너희가 각각 마음으로부터

형제를 용서하지 아니하면 나의 하늘 아버지께서도 너희에게
이와 같이 하시리라"(마 18:21~35)

이 비유는 어떤 이유 때문에 용서하지 못한 결과를 완벽하게 묘
사한다. 여기에 나오는 종은 빚을 갚는 것이 불가능했다. 그는 주인
에게 시간을 연장해 달라는 형식으로 자비를 구했다. 빚을 갚을 수
있는 시간을 더 많이 달라고 요청한 것이다. 그런데 주인은 시간을
더 연장하는 대신에 실제로 그의 빚을 완전히 탕감해 주었다.

돌아가는 길에 그 종은 자신에게 빚진 사람을 만나게 되었다. 그
리고 그는 그 사람에게 즉시 갚을 것을 요구했다. 그 사람이 갚지
못하자 그 종은 그를 옥에 가두었다. 이것이 용서하지 못하는 것의
특징이다. 이것은 하나님의 은혜를 거역하는 것이다. 그 종은 자신
의 빚을 탕감받았다는 것을 깨닫지 못했다. 그래서 그는 빚을 받아
내는 사람이 되었다.

결과적으로 그 종은 옥졸에게서 구원받았다. "옥졸"로 번역된
단어는 문자적으로 '고문하는 사람'(스트롱, G930)을 의미한다. 고문
하는 사람이란 죄수를 몹시 괴롭게 하는 고통을 주는 사람이다.

어떤 사람은 "나는 은혜 아래 있어요. 이 경고는 나에게 해당되
지 않아요"라고 말할지도 모른다. 사랑하는 자여, 하나님의 은혜를
우리에게 적용하는 것과 우리가 하나님의 은혜 아래 있는 것은 다
르다. 당신과 내가 은혜를 받았다는 증거는 우리가 은혜를 베풀 수
있다는 것이다. 이 비유에 등장하는 사람은 하나님의 은혜와 자비
를 진심으로 받아들이지 못했다. 그래서 그의 동료 종에게 자비를

베풀 수 없었다.

이 모든 것들이 치유와 용서와 어떤 관계가 있을까? 그는 용서를 거부함으로 자신이 고문을 당하도록 악한 영들에게 기회를 주었다. 이것은 사도 요한이 어둠 속에서 행하는 것에 대해서 말하는 것과 관련이 있다. 우리가 증오하게 되면 어둠의 영에게 기회를 주는 것이다.

악한 영들은 사람들을 육체적으로 괴롭힐 수 있는 기회로 활용한다. 어떤 육체적 질병은 용서하지 못하는 것과 직접적인 상관관계가 있다. 서너 가지 예만 들면, 이런 병들은 고혈압, 관절염, 통풍, 뇌졸중이 포함된다.

앞에서 이미 말했듯이, 하나님의 말씀을 내 것으로 만들기 위한 믿음은 어두운 환경에서는 작용할 수 없다. 사람들이 우리에게 상처를 준 분노 때문에 우리는 쓸데없이 사탄에게 우리를 고문할 수 있는 권리를 준다. 다시 말해서, 용서를 거부하는 것은 모든 사람들이 치유받지 못하도록 막게 되는 것이 아니라, 사탄이 압박할 수 있는 기회를 분명히 주게 되는 것이다.

간증: 적이 들어오도록 함

몇 년 전 기도하기 위해서 아침에 일어났을 때, 나는 다리에 통증과 빳빳함을 느꼈다. 그때부터 이것을 위해 기도하곤 했다. 그러면 통증과 빳빳함이 일시적으로 괜찮아지곤 했다. 이런 상황이 몇 달 동안 지속된 후에, 나는 주님께 통증과 빳빳함에 대해서 간구했다. 내가 신성한 치유를 행할 수 있다고 믿었을 때, 이 같은 것이 왜

나를 귀찮게 하는지를 주님께 물었다.

내가 계속해서 주님께 간구했을 때, 주님은 나에게 '분노'라는 지식의 말씀을 주셨다. 나는 이것이 나의 관절과 어떤 관계가 있는지를 물었다. 하나님은 나에게 분노가 나의 관절에 자리 잡은 것을 가르쳐 주셨다. 나는 주님께 분노의 근원을 보여 달라고 요청했고, 주님은 그렇게 해 주셨다. 그 당시 내가 일하던 곳은 스트레스를 많이 받고 심하게 혹사당하는 환경이었다. 나는 동료와 상사에게 분노했었고, 심지어 그것을 깨닫지도 못하고 있었다. 나는 즉시 그들을 향한 분노를 회개했고, 통증은 가라앉았다. 그 이후로는 아무런 문제도 없다.

이 간증의 요점은 내가 어떻게 적을 허용했는지 당신에게 보여주기 위한 것이다. 나는 분노와 용서를 거부함으로써 병의 영이 거할 수 있는 적당한 장소를 제공했다. 나는 어둠 속에서 행하고 있었음에도 그 사실조차 알지 못했다. 그래서 나는 어둠에게 권위를 행사할 수 없었던 것이다. 나는 심지어 어둠이 어디서 왔는지조차 알지 못했다.

이것이 용서하지 못한 것에 대한 위험이다. 하나님의 뜻은 우리가 별일 없이 지내는 것이다. 하나님은 우리가 육체적으로도 영적으로도 모두 건강하기를 원하신다. 하나님은 우리가 사람들에게 분노하며 집중하지 못하는 것을 원하지 않으신다. 우리는 믿음으로 행해야 한다. 그리고 이렇게 할 수 있는 유일한 방법은 하나님을 절대적으로 신뢰하고 확신하는 것이다. 우리가 사람들에게 분노할 때, 우리는 그들에게 속내를 드러내는 것이다.

이것이 문제가 되는 믿음이다. 하나님의 말씀에 있는 모든 축복과 약속은 믿음으로 얻는다. 믿음은 사랑으로 역사한다. 우리가 사랑을 행하면 행할수록 우리의 믿음은 점점 더 역사한다. 만일 우리가 사랑으로 행하지 않으면, 우리의 믿음은 효력이 없게 된다.

이것은 과거에 상처를 주었거나 아프게 한 모든 사람들을 비난하지 않는 것이다. 이것은 "당신이 누군가를 미치게 만들었기 때문에 아픈 거야"라고 말하지 않는 것이다. 하나님은 자비와 긍휼의 하나님이시다. 하나님은 자신이 갖고 있는 모든 것을 당신이 충만히 받기 원하신다. 하나님의 충만함은 하나님께서 거하시는 빛 가운데 존재한다.

만일 우리가 하나님의 충만함을 받는다면, 우리 역시 빛 가운데 행해야 한다. 기억하라. 누군가를 용서하는 행동은 본질적으로 믿음에 기초한 행동이라는 것을. 그것은 우리의 능력이 아니라 하나님의 은혜라는 것을.

• • • • •

기도의 능력

하나님 아버지, 저의 죄 때문에 십자가에서 피 흘리신 예수님께 감사합니다. 베드로전서 2장 24절의 말씀에 따라서 저를 치유해 주시고 구원하여 주셔서 감사합니다. 저에게 상처를 주었거나 불쾌하게 했던 모든 사람들을 기꺼이 용서합니다.

저의 자유의지로 저에게 빚진 모든 사람들을 풀어 줍니다. 주님, 주님의 은혜로 저는 완전히 회복되었습니다. 예수님의 이름으로 기도드립니다. 아멘.

Chapter 12

It's Already Done!

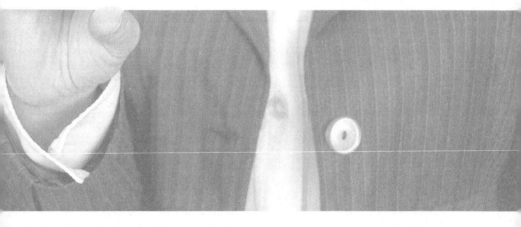

12장

그것은 이미 이루어졌다!

"이미 믿는 우리들은 저 안식에 들어가는도다 그가 말씀하신
바와 같으니 내가 노하여 맹세한 바와 같이 그들이 내 안식에
들어오지 못하리라 하셨다 하였으나 세상을 창조할 때부터
그 일이 이루어졌느니라" (히 4:3)

우리가 치유라는 주제를 검토할 때, 우리를 위해서 이루어진 것
을 이해하는 것이 중요하다. 우리의 믿음과 하나님과의 관계는 하
나님의 말씀의 권위에 근거한다고 이전 장에서 언급했다. 우리는
우리가 **왜** 치유받을 수 있는 권리를 갖게 되었는지를 이해해야 한
다. 이것은 예수님께서 우리를 치유하시기 위해 대가를 지불하셨
다는 단순한 진리 때문이다. 예수님은 2,000년 전에 십자가에서 죄
와 병을 이기신 분이다.

치유가 자신의 능력에 기초하고 십자가에서 이루신 일이 아니

라는 이유로 많은 사람들이 치유를 자기 것으로 만들지 못한다. 성경은 히브리서 4장에서 세상을 창조할 때부터 그 일이 이루어졌다고 말한다. 다시 말해서, 예수 그리스도의 대속 사역은 이미 완전하게 되었다. 우리가 이루신 일에 적극 참여하도록 하나님의 말씀은 우리를 깨닫게 한다. 하나님은 그리스도 안에서 우리를 위해 하셔야 될 모든 것을 이미 하셨다.

에베소서 1장은 하나님께서 그리스도 안에서 영적인 모든 축복을 우리에게 주셨다고 말한다. 이것은 치유가 하나님께서 우리를 위하여 행하실 것이 아니라는 의미다. 하나님께서 이미 행하셨다는 것은 사실이다. 나의 치유는 이미 끝난 결정이라는 사실에 대해서 생각하면 놀랍다.

완전히 끝난 일

여러 해 전 대학에 다니던 때에 나는 컴퓨터 공학을 공부했다. 1학년 때 캡슐화(encapsulation)라고 불리는 원리에 대해서 배웠는데, 이것은 프로그래머가 프로그램의 내용물을 다른 프로그램이나 또는 대상 안에 숨기는 것과 관련된 이론이다.

이것은 십자가에서 일어났던 것과 유사하다. 우리의 치유는 그리스도의 이루신 일에 포함되어 있다. 치유는 우리의 구원과 동떨어진 것이 아니라, 속죄 안에 들어 있다. 이런 맥락으로 치유에 대해서 생각할 때 우리가 치유에 접근하는 방법은 끊임없이 변한다. 그것은 나 자신의 선함이 치유받는 데 유용할 것 같다는 압박감을 덜어 준다. 선함은 하나님 한 분에게만 알맞다.

성경이 이루어진 일이라고 말할 때 그것은 정확히 그렇다는 의미다. 그리스도의 지체인 대단히 많은 사람들이 괴롭힘을 당하고 있고, 심지어 헛되이 죽기까지 한다. 그 이유는 그들이 예수님께서 모든 것을 지불하셨다는 이 간단한 진리를 이해하지 못하기 때문이다. 지불해야 되는 빚은 더 이상 없다. 하늘나라에 미해결된 장부는 없다.

어떤 사람은 "나는 뭔가를 해야 되요, 그렇죠?"라고 말할지도 모른다. 그렇다! 당신은 믿어야 한다.

믿음은 옳은 것 그 이상을 말한다. 믿음은 당신이 사실로 받아들인 것에 따라서 행동하는 것을 포함한다. 많은 사람들이 자신은 하나님을 치료자로 믿는다고 말한다. 그러나 그들이 기대했던 대로 일이 되지 않을 때, 그들은 자신의 주장을 반영한 방법으로 행동하지 않는다. 우리의 삶에 그리스도의 이루신 일을 받아들일 때에야 비로소 우리는 안식할 수 있다. 우리는 걱정하거나 혼란스러운 것이 아니라, 평온하다. 평온하지 않으면 불신을 암시하는 것이다! 우리는 우리가 믿는 것을 주장할 수 있지만, 우리의 행동은 우리가 하는 말의 진정한 잣대가 될 것이다.

그래서 많은 그리스도인들은 자신이 치유되기 위한 충분한 믿음이 생기도록 애쓰고 있다. 이것은 실수하는 것이다. 그리스도는 이미 우리를 위해서 돌아가셨다. 그리스도는 이미 우리의 죄를 위해 벌을 받으셨다. 그리고 대속의 피를 통해서 우리가 하나님 아버지와 함께 있도록 하셨다. 성경은 히브리서 11장 6절에서 말한다.

"믿음이 없이는 하나님을 기쁘시게 하지 못하나니 하나님께
나아가는 자는 반드시 그가 계신 것과 또한 그가 자기를 찾는
자들에게 상 주시는 이심을 믿어야 할지니라"

간단히 말해서, 하나님께서 말씀하신 그분이 틀림없는 하나님이시라는 것을 우리는 믿어야 한다. 우리가 하나님을 신뢰하고 하나님이 어떤 분인지에 대한 진짜 계시를 갖게 되면, 우리는 우리 자신이 아니라 하나님의 능력을 의지하게 된다.

범죄자를 '체포하라'

신성한 치유는 법적인 권위에 근거한 영적인 실체다. 이것은 치유를 행하기 위한 당신의 법적인 권리다. 이것과 유사한 경우를 자세히 살펴보자. 민법과 형법은 당신의 사적인 자유를 보호한다. 만일 당신이 일하는데 동료에게 괴롭힘을 당하고 있다면, 당신은 나쁜 짓을 하는 사람에게 부적절한 행동을 그만하라고 말할 수 있을 것이다. 만일 그 행동이 계속된다면, 당신은 관리자에게 위반을 보고할 수 있는 권리를 가지고 있을 것이다. 왜? 왜냐하면 그 행동은 법을 위반했기 때문이다.

치유도 다르지 않다. 그리스도 안에서 상속받은 효력에 의해서 치유는 거듭난 성도들의 소유다. 병은 예수님의 이름으로 잘 살 수 있는 성도들의 권리를 침해하는 것이다. 원수(사탄, 마귀, 적)가 하나님께서 정하신 우리의 권리를 방해하려고 애쓴다면, 그는 즉시 멈춰야만 한다.

마치 하나님과 마귀가 어떤 일에 파트너가 되는 것처럼 하나님께서 어떤 병은 허락하신다고 믿는 것은 흔히 있는 오해다. 예수님께서는 처음부터 "사탄은 살인한 자요, 거짓의 아비"라고 말씀하셨다(요 8:44을 보라). 사탄은 사악하고 하나님과 하나님의 자녀를 미워하는 거역의 영이다.

사탄은 도둑질하고 죽이고 멸망시키려고 애쓰지만, 그리스도는 우리가 생명을 얻고 더 풍성히 얻게 하려고 오셨다(요 10:10을 보라). 도둑이 당신의 가정을 파괴하려고 노력할 때 당신이 취할 수 있는 유일한 행동은 그 자리에서 도둑을 멈추게 하는 것이다. 병은 무단 침입자다. 병은 성도들의 몸에 거주할 수 있는 법적인 권리를 갖고 있지 않다. 그러나 우리의 권리를 알지 못한다면 우리는 권리를 집행할 수 없다.

병은 권한이 없는 범죄자라는 것을 우리는 알아야 한다. 그리스도의 지체인 많은 사람들이 병에 대한 이와 같은 것을 알지 못한다. 바로 그 안에 많은 문제가 있다. 만일 우리가 병을 사악한 범법자로 인식하지 못한다면, 우리는 병을 용납하게 될 것이다. 그리고 우리가 용납하는 모든 것은 우리를 지배할 것이다.

병과 약한 것을 이런 방식으로 보면서 질병은 성도들에게 자연히 발생할 수 없다는 것을 깨달았다. 이런 사고방식은 오직 하나님의 말씀이 무엇을 말하는지 아는 것으로부터 생긴다. 우리가 하나님의 말씀을 공부하면 할수록, 우리는 모든 것을 점점 더 하나님의 관점으로 보게 될 것이다.

당신의 마음을 새롭게 하라

그리스도께서 이미 십자가에서 병을 정복했다는 것을 깨달았다면, 이제는 그에 합당한 방식으로 우리의 몸을 대해야 하는데, 이때 필요한 것이 우리 마음의 갱신이다. 우리는 '이미 이루어졌다는' 사고방식을 길러야 한다. 병이나 약한 것이 얼마나 겁을 주는가, 또는 마귀가 우리는 절대 나아질 수 없다고 얼마나 많이 말하는가 하는 것은 상관없다. **그것은 이미 이루어졌다!** 예수님은 십자가에서 가장 좋은 것을 우리에게 주셨다. 그리고 마귀의 가장 좋은 것은 예수님의 것과는 상대도 되지 않는다.

잠시 시간을 내서 이미 완성된 것의 개념에 대해서 생각해 보자. 성경은 이렇게 말한다.

> "예수께서 신 포도주를 받으신 후에 이르시되 **다 이루었다**
> 하시고 머리를 숙이니 영혼이 떠나가시니라"(요 19:30, 굵은 글
> 씨는 저자 강조)

예수님은 다 이루었다고 선포하셨다. 여기서 "이루었다"로 번역된 헬라어는 teleo란 단어다. 이 단어는 '결론짓기, 끝마치기, 끝내기'(스트롱, G5055)란 의미다. 지불할 것이 더 이상 없다는 것으로, 이것은 어떤 것에 대해 완전히 지불했음을 의미한다. 이것은 일정한 시간이나 시기가 끝난 것을 묘사한다. 다시 말해서, 예수님은 대가를 지불하셨고, 따라서 우리의 심판과 억압의 시절을 끝내셨다. 그리스도는 우리의 삶에서 사탄의 통치를 완전히 끝내셨다.

정말로 다 이루셨다는 것을 우리가 진짜 믿을 수 있을까? 만일 우리가 진짜 믿는다면, 우리가 치유에 접근하는 법이 철저하게 변할 것이다. 그리스도께서 다 이루기 위해서 필요한 모든 것을 이미 다 하셨음을 우리는 깨닫게 될 것이다. 우리의 힘이나 선함에 집중할 필요가 없을 것이다. 우리는 예수님께서 하셨던 것을 의지하게 될 것이다.

만일 이후에 당신이나 당신이 알고 있는 누군가가 육체적으로 고통을 받게 된다면, 조용히 눈을 감고 예수님께서 십자가에서 이루신 일을 상상하기 원한다. 고통은 십자가에 못 박혔고, 예수님과 함께 장사되었다고 상상하기를 원한다. 그 다음에 "병은 패배한 적이다" 하고 선포하기를 원한다. 고통은 당신에게 더 이상 힘을 못 쓰게 된다.

예수님의 이름으로 당신은 병에게 이미 승리했다!

· · · · ·

기도의 능력

하나님 아버지, 진리인 하나님의 말씀으로 예수님께서 이루신 일에 대하여 보여 주시니 감사합니다. 십자가의 실체와 저를 대신하여 예수님께서 십자가에서 완성하신 모든 것에 대하여 감사합니다. 이 은혜가 날마다 더욱더 풍성하게 드러나게 하셔서, 제가 충만한 가운데 살아가고 그것을 다른 사람들과 나누게 하셔서 감사합니다. 저는 예수님께서 저를 위해서 구매하신 모든 선물을 받습니다. 예수님의 이름으로 기도드립니다. 아멘.

Chapter 13

Possessing Your Healing

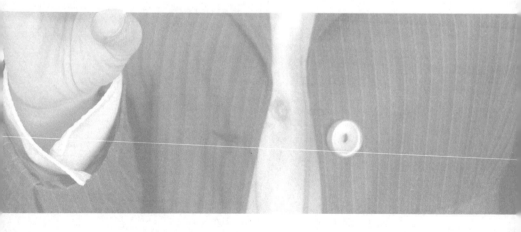

13장

당신이 소유한 치유의 능력

"유언은 그 사람이 죽은 후에야 유효한즉 유언한 자가 살아
있는 동안에는 효력이 없느니라" (히 9:17)

이 모든 것의 핵심은 우리가 하나님의 말씀에 있는 약속에 대한
권리를 주장해야 한다는 것이다. 치유는 우리가 반드시 **소유해야** 하
는 것이다.

히브리서 9장 17절은 우리에게 언약은 누군가 죽은 후에 집행된
다고 말한다. 다시 말해서, 예수님께서 십자가에서 돌아가시고, 그
렇게 함으로써 예수님 자신의 피로 새 언약이 승인되었다. 예수님
께서 흘리신 피는 우리에게 새 언약의 은혜와 축복을 유산으로 받
을 수 있는 법적인 권리를 주었다.

피의 언약을 이해하는 것이 중요하다. 피의 언약은 인감도장이
고, 분명한 증거고, 명백한 보증서다. 사실 우리는 새 언약의 결과

로 상속받을 권리를 확실하고 명백하게 소유한 하나님의 언약의 자녀. 우리는 새 언약을 우리 것으로 만들 책임을 가진 사람들이다. 만일 우리가 믿음으로 그렇게 하지 않는다면, 우리의 삶 가운데 새 언약이 이루어지는 것을 볼 수 없게 될 것이다.

하나님의 잘못이 아니다

대다수의 사람들이 자신이 살고 있는 환경에 대해서 불평을 한다. 많은 사람들이 자신의 몸에 있는 병에 대해 분노하고 좌절한다. 그러나 이것은 하나님의 잘못이 아니다. 하나님은 십자가에서 그리스도께서 하신 일을 통해서 사탄의 일을 폐지하셨다. 사실 하나님은 우리의 치유에 관심을 가지시고 모든 것을 하셨다. 이제는 우리의 삶에 치유가 나타나는 것을 보기 위하여 하나님의 말씀의 권리를 주장해야 한다.

이 책은 수동적인 성도들을 위해서 쓰지 않았다. 이 책은 자신을 동정하기 원하는 사람들이나 자신의 고통 때문에 다른 누군가를 탓하는 사람들을 대상으로 한 것이 아니다. 이 책은 자신의 삶에 하나님의 가장 좋은 것을 원하는 사람들에게 말한다.

몇 년 전까지만 해도 나는 병은 당연한 것이라고 생각하며 살았다. 나는 병을 너무 많이 보아서 병을 아무 저항 없이 받아들였다. 나는 믿지 않는 사람들보다도 더 많은 그리스도인들이 아프다는 것을 알았다. 나의 마음을 되돌아봤을 때, 나의 마음이 불안해하고 있는 것을 깨달았다.

내가 그러고 있는 동안, 내가 보고 있는 것은 내 인생을 향한 하나님의 뜻이 아니었다는 것을 깨달았다. 나는 아내를 만났을 때를 기억한다. 아내는 편두통으로 고생하고 있었다. 어느 날 우리가 함께 있을 때 아내는 머리의 통증으로 불평했었다. 나는 거의 무의식적으로 아내에게 다가가 "평강이 있을지어다. 예수님의 이름으로 너는 나을지어다"라고 말했다.

두통은 즉시 사라졌다. 그리고 아내는 그 이후로 다시는 그 고통을 겪지 않았다. 하나님께서 우리의 치유와 구원 사역에 씨앗을 뿌리고 계셨다는 것을 나는 거의 알지 못했다. 이 책을 읽고 있는 당신이나 대부분의 사람들처럼, 나는 그리스도인이라면 찬송을 부르고 교회에 가는 것 말고도 다른 무언가가 있어야 한다는 것을 깨달았다: 치유와 건강한 삶. 하나님은 우리가 건강하기를 원하신다. 우리는 하나님께서 그리스도 안에서 우리에게 제공하신 건강을 소유해야 한다.

이것에 대한 이해는 나와 내 주변 사람들의 삶을 바꾸었다. 병은 당연한 것도, 우리가 받아들여야만 하는 것도 아니다. 하나님의 말씀은 진리다. 그리고 그 말씀은 항상 역사한다. 우리는 온전함을 소유하기 위해서 준비된 장소에 가야만 한다.

권위와 권능

예수님은 선포하셨다: "내가 너희에게 뱀과 전갈을 밟으며 원수의 모든 능력을 제어할 권능을 주었으니 너희를 해칠 자가 결코 없으리라"(눅 10:19). 성경은 하나님께서 성도들의 삶에 의도하신 것을 우리에게 정확히 말한다. 하나님은 우리를 위하여 적에 대한 권위

를 갖도록 의도하셨다.

이 구절에서 "권능"으로 번역한 첫 번째 단어는 헬라어 exousia이다. 그 의미는 '선택의 능력' 그리고 '권위의 능력'이다. 우리는 '4장 하나님, 치료자'에서 이 단어를 다뤘다. 하나님은 우리에게 권위를 주셨다. 우리는 적의 모든 능력을 능가하는 이 권위를 발휘해야 한다. "권능"으로 번역한 두 번째 단어는 사탄의 능력을 설명하는 데 사용된다. 이 단어는 dynamis(또는 dunamis)로서, 그 의미는 '힘' 또는 '능력'이다.

이것은 이해해야 할 매우 중요한 개념이다. 사탄은 능력을 가졌다. 그러나 당신은 권위를 가졌다. 당신의 권위는 권리 또는 통제권이 당신에게 위임되었다는 것과 당신보다 더 거대한 시스템에 의해 강요당할 수 있다는 것을 의미한다. 다시 말해서, 하나님께서 우리에게 권위를 주셨기 때문에, 하나님은 뒤에서 밀어주신다.

경찰관을 잠시 상상해 보라. 경찰관은 총을 가지고 있다. 총은 능력의 한 형태다. 총은 다른 사람을 해칠 수 있다. 그러므로 총은 행동에 동기를 부여할 수 있다. 총은 dynamis를 나타낸다.

그러나 경찰관에게 총을 주는 것만으로는 충분하지 않다. 경찰관은 항상 배지를 착용해야 한다. 배지는 능력을 발휘하기 위한 경찰관의 법적인 권리를 나타낸다. 이것은 경찰관의 행동 뒤에는 더 커다란 권위가 있다는 것을 의미한다. 배지 번호는 경찰관을 대표하는 권위나 정부에 접근할 수 있도록 한다. 이런 이유로 사람들은 경찰관의 배지 번호를 묻는다. 배지는 exousia가 뒤에 있다는 발상이다. 권위는 어딘가에 자리하고 있는 마귀에게 말하기 위해서 우리에게 법적인 권리를 준 하늘나라 배지 또는 인감도장이다.

범죄자도 총을 가지고 있을지 모른다. 그러나 오직 자격을 갖춘 경찰관만 배지를 가진다. 같은 방식으로, 악한 영들에게는 다양한 것을 할 수 있는 능력이 있다. 그러나 하나님으로 인하여 예수 그리스도의 피로 씻음 받은 거듭난 성도들에게는 영적인 권위가 주어졌다. 내가 말했던 **권위**에 주목하라. 왜냐하면 오직 하나의 권위만 존재하기 때문이다. 그 권위는 모든 이름 위에 뛰어난 이름이다: "하늘에 있는 자들과 땅에 있는 자들과 땅 아래에 있는 자들로 모든 무릎을 예수의 이름에 꿇게 하시고 모든 입으로 예수 그리스도를 주라 시인하여 하나님 아버지께 영광을 돌리게 하셨느니라"(빌 2:10~11). 병과 약한 것은 예수님의 이름으로 우리에게 부여된 권위에 무릎 꿇어야만 한다.

당신이 아들 하나를 둔 부유한 사업가라고 잠깐 상상하라. 뿐만 아니라 당신이 굉장한 부와 자원을 축적하고 아들에게 모든 것을 넘겨주었다고 상상하라. 그런 후 당신은 1년 동안 나라를 떠났다. 그리고 당신이 돌아왔을 때 아들이 쓰레기장에서 사는 것을 발견한다.

당신은 어떻게 느끼겠는가? 당신은 그것을 발견하곤 좌절하게 될 것이다. 이 상황은 당신이 생각한 당신의 자녀에게 양질의 삶을 제공하기 위해 희생한 것의 결과와는 사뭇 다르다. 당신의 하나뿐인 아들은 자신의 부와 잠재력보다 못한 삶을 살았다.

나는 가끔 하나님을 같은 방식으로 느낀다고 생각한다. 하나님은 우리에게 많은 것을 주셨다. 하나님께서 독생자를 주셔서 우리는 승리의 삶을 살 수 있었다. 우리는 왜 하나님의 뜻보다 못한 삶을 살까?

약속을 소유하는 법 배우기

우리가 첫 번째로 해야 할 것은 치유는 자녀의 떡이라는 확신을 가지는 것이다. 두 번째로 해야 할 것은 십자가에서 우리를 위해서 이미 성취하셨다는 계시를 알아차리는 것이다. 마지막으로는, 우리의 몸 안에 하나님의 말씀이 주도권을 잡고 그 말씀을 내 것으로 만들어야 한다.

무엇을 소유한다는 것은 그것에 대한 소유권을 가진다는 의미다. 이것은 요한복음 1장의 개념이다: "영접하는 자 곧 그 이름을 믿는 자들에게는 하나님의 자녀가 되는 권세를 주셨으니"(요 1:12). 이 구절에서 사용한 단어는 lambano다. 우리는 이 단어를 이미 보았다. 이 단어는 문자적으로 소유 또는 '취하는 것'을 의미한다. 다시 말해서, 당신과 나는 하나님께서 이미 제공하신 것들에 대한 소유권을 취해야만 한다. 그 일은 완전히 끝났다. 하지만 우리는 그 일의 충만함을 받아야만 한다.

이 원리에 대한 당신의 이해를 돕기 위하여 한 가지 예를 들어 보겠다. 어떤 사람에게 두 아들이 있었다. 한 아들은 재정적으로 안정되고 교육도 잘 받았다. 다른 아들은 대학에 떨어진 후 도박꾼이 되었다. 아버지는 매우 늙어 죽어 가고 있었다. 그래서 아버지는 두 아들을 불렀다. 그리고 두 아들에게 무엇을 남겨 주어야 할지를 물었다.

교육을 더 많이 받은 큰아들이 말했다: "아버지, 저에게는 10만 달러 정도만 남겨 주세요. 저는 이미 자리를 확실히 잡았기 때문에 아버지가 잘 사시는 것에만 관심이 있습니다."

다른 아들은 자신의 모든 빚을 갚아 달라고 했다.

아버지는 두 아들 모두에게 자신의 유산에서 각자의 몫을 기꺼이 주었다. 첫째 아들에게는 그 뜻대로 10만 달러를 주었다. 둘째 아들에게는 유산에 덧붙여서 설명서와 함께 열쇠를 주었다. 설명서에는 90분을 운전해서 가야 하는 어느 빌딩으로 오전 9시까지 가라고 적혀 있었다.

둘째 아들은 웃음으로 응수하며 말했다: "이게 뭐지? 나는 빚을 갚을 돈이 필요하다고 했는데."

그는 열쇠를 집어 들었다. 그리고 어리둥절하면서 떠났다. 그가 빌딩을 방문하기로 일정을 잡은 전날 밤, 그는 카지노에 가서 밤새도록 도박을 했다. 예상대로 그는 늦잠을 잤고, 오전 10시에 일어났다. 약속을 지키기에는 너무 늦었다는 것을 깨닫기 무섭게 그는 모든 것을 잊어버리고 아침을 먹으러 갔다.

며칠 후, 그가 약속을 어겼기 때문에 안전금고는 더 이상 쓸모가 없다는 전화 한 통을 받았다. 그는 금고 안에 무엇이 있었는지를 물었다. 전화를 건 사람이 말했다: "1억 달러입니다."

그 아들은 바닥에 쓰러져 눈물을 흘렸다.

이 예화의 요점은 이것이 대부분의 교회가 행하고 있는 방법이라는 것이다. 하나님 아버지는 우리가 살면서 생긴 모든 빚을 지불하고도 남는 충분한 유산을 남기셨다. 하나님은 그야말로 모든 것을 지불하셨다. 그러나 작은아들처럼, 우리들 중 많은 사람들이 우리에게 주신 것에 대한 소유권을 취하는 데 실패했다.

우리는 하나님의 약속을 의지해야 한다. 하나님의 말씀은 이 이야기에 나오는 안전금고와 같다. 우리가 필요로 하는 모든 것과 그 이상의 것이 금고 안에 있다. 그러나 금고에 모든 자원이 가득함에도 우리는 금고를 열 필요가 전혀 없다는 듯 살아간다.

우리 안에 있는 하나님의 권위

우리가 그리스도께서 이루신 일을 이해하는 것과 예수님의 이름의 권위를 이해하는 것을 겸하게 될 때, 병은 우리 삶의 모든 영역에서 떠나야만 한다. 그것은 어떤 권위가 있느냐 하는 것이 아니라 우리 안에 **하나님의** 권위가 있느냐 하는 것이다.

성경은 "너희 안에 계신 이가 세상에 있는 자보다 크심이라"(요일 4:4)라고 선포한다. 모든 병과 모든 약한 것을 포함하여, 우리는 적의 모든 능력을 능가하는 권위를 받았다. 그것은 마귀가 우리의 삶에 가하는 모든 것을 능가하는 권위다.

하나님은 병과 약한 것을 발로 밟으라고 우리를 부르셨다. 하나님은 우리가 다발성경화증을 짓밟기 원하신다. 하나님은 병을 우리 발밑에 두겠다는 마음을 원하신다.

하나님의 말씀은 "너희를 해칠 자가 결코 없으리라"(눅 10:19)라고 선포한다. 이것은 엄청난 계시다. 원어인 헬라어에는, 하나님께서 제정한 법을 위반하거나 훼손하기 위해 마귀가 이용할 수 있는 것은 아무것도 없다고 하나님의 말씀은 말한다. 사탄의 왕국은 하나님의 법의 테두리 안에서만 작용한다. 그러므로 사탄이 거듭난 성도들에게 병으로 공격할 때는 언제나 법을 어기는 것이다. 그리고 당신과 나는 사탄을 멈추게 할 수 있는 exousia(권위)를 하나님에게 받았다.

우리는 마귀가 두렵다고 생각하지 말아야 한다. 우리는 어떠한 악의적인 소문에 굴복하지 말아야 한다. 그리스도의 지체인 수많은 사람들이 사탄이 마치 하나님과 동격인 것처럼 사탄을 대하고 있다. 사탄은 동격이 아니다. 가장 높으신 하나님보다 더 높은 것은 하나도 없다.

우리는 하나님께서 그리스도 안에서 제공하신 것을 소유해야만 한다. 우리의 인생에서 마귀에게 내줄 자리가 없을 것이라는 결심을 해야만 한다. 사탄의 가장 큰 속임수 중에 하나는 우리가 병을 용인하도록 하는 것이다. 왜냐하면 사탄은 우리가 무엇을 용인할지 알기 때문이다. 사탄은 우리를 지배하기 위하여 차례차례 사용할 것이다. 거듭 말하지만, 나는 사탄에게 내줄 자리가 없다.

내가 당신에게 "당신은 신성한 치유를 행할 수 있습니다"라고 말했다면 어떻게 될까? "당신은 100퍼센트 치유를 받을 수 있고, 다시는 그런 고통을 받을 필요가 없습니다"라고 말했다면 어떻게 될까? 당신이 이것을 믿을까?

당신이 완전한 존재로 회복하는 것은 하나님의 통치권을 받아들이는 것만큼 아주 간단하다. 하나님은 무엇보다도 크신 분이라는 것을 믿고 인정하기로 당신은 결심해야만 한다.

• • • • •

기도의 능력

나는 당신이 반복해서, 그리고 확신을 갖고 이 기도를 크게 하라고 강력히 권한다.

하나님 아버지, 그리스도의 보혈과 제 기도를 들어 주심에 감사합니다. 예수 그리스도의 십자가 속죄 사역을 통해서 제가 완전히 치유받게 하심을 감사합니다. 제 몸의 모든 부분은 예수님의 주권에 복종할 것입니다. 제 몸의 모든 세포들은 완벽하게 기능합니다. 제 몸의 모든 원자들은 하나님의 통제와 권위 아래 있습니다. 저는 예수님의 이름으로 치유받고 건강해 졌습니다. 베드로전서 2장 24절은 예수님께서 채찍에 맞음으로 제가 나음을 입었다고 선포합니다. 저는 예수님의 이름으로 치유받았습니다. 저는 저의 삶을 위하여 하나님께서 명하신 신유를 행합니다. 저의 치료자 되시는 예수 그리스도께 감사드립니다. 치유받지 못하도록 저의 믿음을 방해하는 제 마음속에 있는 모든 죄의 근원을 방출합니다. 주님의 은혜에 감사드립니다! 예수님의 이름으로 기도드립니다. 아멘.

다음에 나오는 기도를 질병을 향하여 분명하게 선포하라.

하나님 아버지, 지금 저는 저의 자유의지로 성경과 이 책 속에 들어 있는 하나님의 말씀을 제 것으로 만듭니다. 저의 몸은 귀한 그릇이고 성령의 전임을 선포합니다. 지금 저는 제 몸에 대한 통치권을 취합니다. 그리고 다음의 병, 증상, 고통이 그칠 것을 명합니다: 자가면역성 질환, 다발성경화증, 당뇨병, 낭창, 암(전립선, 폐, 자궁경부, 피부, 뇌 등), 백혈병, 고혈압, 인슐린 저항, 갑상선 질환, 자간전증, 우울증(산후의 등), 심장병, 관절염, 골다공증, 겸상적혈구, 혈우병, 바이러스 감염, 세균 감염증, 수막염, 단백질 질환, 그 밖의 여러 가지 증상, 기형, 바이러스, 고통 또는 질환. 저는 예수 그리스도의 피 흘림을 통해서 완전히 치유받았습니다. 주님, 저를 치료해 주셔서 감사합니다! 예수님의 이름으로 기도드립니다. 아멘.

Chapter 14

Sacred Cows

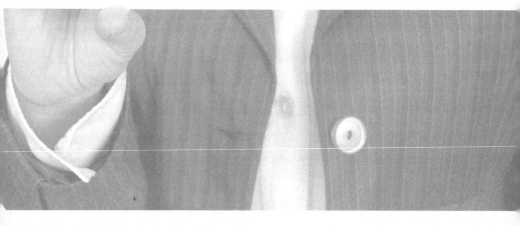

14장

성우(聖牛)

목사가 되면 나는 셀 수 없이 많은 사람들을 만날 줄 알았다. 그리고 하나님, 하나님의 속성, 하나님께서 피조물을 대하시는 방법에 대한 생각과 믿음을 사는 형편을 통해서 사람들에게 보여 줄 줄 알았다.

유감스럽게도, 종교는 사람들이 하나님을 인지하는 방식에 너무 많은 해를 끼쳤다. 사실 과거 몇 년 동안 나는 교회 밖에 있는 사람들보다 오히려 교회 안에 있는 사람들에게 치유 사역과 구원 사역에 더 많은 시간과 에너지를 투자해야 했다.

이런 이유 중 하나는 교회 안에서 많은 사람들이 비성경적인 방식으로 믿음에 대해서 배워 왔다는 사실이다. 이런 방식은 '성우'와 관련이 있다. 이 책의 관점으로 볼 때, 어느 정도 가지고 있는 생각 또는 믿음의 한 방식인 성우는 신성시하거나 또는 건드릴 수 없는 존재다. 다시 말해서, **그것을 믿기 때문에** 믿는 것이다.

조건부 믿음 시스템

이 개념을 설명하기 위하여, 나는 사람들이 믿는 것에 대해서 당신과 이야기를 나누기 원한다. 몇 년 전, 고전적 조건부여(무조건자극과 조건자극을 결합하여 조건자극만으로 반응을 유발할 수 있을 때까지 이를 반복 행하는 조건부여-옮긴이)의 능력을 설명하기 위해서 원숭이에게 실험을 행했었다. 실험에서 연구원들은 다섯 마리의 원숭이를 택해서 우리에 넣었다. 우리 중앙에는 사다리가 있었다. 사다리보다 위에 있는 천장에는 바나나가 줄에 매달려 있었다.

먼저는 원숭이들만 내버려 두었는데, 원숭이들이 사다리에 오르기 위해 몰려들었고 바나나를 붙잡았다. 첫 번째 원숭이가 목표물에 도달했을 때 연구원들은 그 원숭이에게 물을 세차게 뿌렸다. 원숭이가 포기할 때까지 이런 패턴을 반복하자, 다른 원숭이가 그 바나나를 차지하려고 했다.

이번에 연구원들은 접근 방법을 바꿨다. 사다리에 올랐던 원숭이에게 물을 뿌리는 대신에, 다른 원숭이들에게 물을 뿌렸다. 매번 한 원숭이가 사다리에 올랐고 다른 원숭이들은 물을 맞았다.

이 같은 패턴이 몇 번 반복된 후에, 연구원들은 사다리에 올랐던 원래 원숭이들 중에 하나를 다른 곳으로 옮기고, 새로운 원숭이로 그 원숭이를 대체했다. 이 동물은 그룹의 나머지와 함께 공동체를 경험해 본 적이 없었다. 새로운 원숭이가 바나나를 잡으려고 하자, 그 즉시 다른 원숭이들로부터 잔인한 공격을 받았다.

그리고 난 후, 연구원들은 원래 원숭이들 중에 또 하나를 다른 곳으로 옮기고, 두 번째로 새로운 원숭이가 그 원숭이를 대체했다.

두 번째로 새로 들어온 원숭이도 마찬가지로 바나나를 보고는 그 것을 잡기 위해 바나나가 있는 곳으로 다가갔다. 이때 유일하게 바로 앞의 원숭이가 코치를 했다. 첫 번째 '새로' 들어온 원숭이가 털 어놓았다: "우리는 바나나를 만져선 안 돼."

두 번째 '새로' 들어온 원숭이가 물었다: "왜 안 돼?"

첫 번째 새로 들어온 원숭이가 말했다: "왜냐하면 항상 그랬어."

첫 번째 새로 들어온 원숭이는 어떻게 항상 그랬는지 개념이 없 었다. 단지 그 원숭이는 바나나에 가려고 했던 첫 번째 시도에서 저 항을 받았다는 것만 알았다. 원숭이는 '항상 그랬다' 는 것을 당연 하다고 여겼다.

교회 안에는 성경에 위반된다고 생각되는 믿음이 많다. 그런 믿 음의 대부분은 그리스도인들이 하나님과 올바른 관계를 맺지 못하 도록, 그리고 하나님께서 우리를 위해서 소유하고 계신 것들을 받 지 못하도록 막는다. 이런 성우는 해롭다. 그러므로 나는 이런 성우 들 중에 몇몇을 명확하게 말하기 원한다(이것이 완전한 목록이라고 할 수는 없다).

성우 1: 모든 사람들이 치유되는 것은 하나님의 뜻이 아니다.

가장 불안하게 하는 것 중에 하나, 그리고 내가 교회 안에서 발 견한 일반적인 믿음은 치유는 모든 사람들을 위한 것이 아니라는 관념이다. 다시 말해서, 하나님은 일부 사람들은 치유하실지도 모 르지만, 그러나 그 밖의 다른 사람들은 아니라는 것이다. 사랑하는 자여, 이것은 성경적이지 않다. 거듭 말하지만, 이것은 성경적인 믿음 시스템이 아니다. 내가 성경에서 좋아하는 권 중 하나는 누가복음이다. 누가복음은 성경의 다른 어떤 권보다 치유에 대한 훨씬 더 많은 내용을 기록하고 있다. 누가복음에서 놀라운 것은, 예수님께서 치유를 요청한 사람들 중에 한 사람도 결코 거절하지 않으셨다는 것이다.

만일 예수님께서 일부 사람들에게만 치유 사역을 하시고 그 밖의 다른 사람들에게는 안 하셨다면, 예수님은 그들 중 일부에게 말씀하셨을 것이다: "나는 당신을 치유할 수 없습니다. 그것은 하나님의 뜻이 아니기 때문입니다."

그러나 성경은 누가복음 6장 19절에서 이와 같이 말한다: "온 무리가 예수를 만지려고 힘쓰니 이는 능력이 예수께로부터 나와서 모든 사람을 낫게 함이러라."

이 설명에서 흥미로운 것은, 저자가 헬라어 ochlos라는 단어를 사용했다는 것이다. 이 단어는 함께 모여 있는 집단 또는 사람들의 무리, '군중'(스트롱, G3793)을 나타낸다. 또한 이 정의는 보통 사람들과 지배 계층을 구별한다. 이것은 매우 중요하다. 그 이유는 치유에 관심을 갖고 계시는 하나님의 마음을 우리에게 보여 주기 때문이다. 예수님은 특별한 범주의 사람들만 치유하지 않으셨다. 예수님은 아주 많은 사람들인 무리를 치유하셨다. 다시 말해서, 예수님은 차별해서 치유하지 않으셨다.

만일 우리가 납득하는 데 이것만으로 충분하지 않다면, 누가는 예수님께서 "그들을 모두 치유하셨다"고 덧붙여 말한다. 헬라어에서 pas란 단어가 사용되었는데, 이것을 문자적으로 번역하면 '각자, 모두, 모든, 전체'(스트롱, G3956)가 된다. 우리는 하나님께서 치유 받기 위해서 나아오는 모든 사람들을 깨끗하게 만들기 원하신다는 것을 알 수 있다.

최근에 나는 텔레비전을 통해 예수님께서 치유하시지 않은 사람들이 있다고 주장하는 한 남성을 보았다. 애석하게도, 그는 한 사람도 볼 수 없었다는 성경을 읽었어야 했다. 왜냐하면 그가 한 말은 절대적으로 옳지 않기 때문이다. 신약성경에는 예수님께서 치유하시지 않은 사람이 한 명도 없었다.

예수님의 사역을 저해한 한 사건이 있었다. 성경은 설명한다.

> "거기서는 아무 권능도 행하실 수 없어 다만 소수의 병자에게 안수하여 고치실 뿐이었고 **그들이 믿지 않음을** 이상히 여기셨더라 이에 모든 촌에 두루 다니시며 가르치시더라"(막 6:5~6, 굵은 글씨는 저자 강조)

이 경우에서, 우리는 그리스도의 치유 능력이 불신앙으로 제한되었던 유일한 사건을 본다. 이 예에서조차 예수님께서 안수한 사람들과 치유받기 위해서 기도 받았던 사람들이 있었다. 이 일의 실상은, 그리스도는 치유받기 원하는 모든 사람들을 위하여 항상 치유를 나타내셨다는 것이다. 따라서 사람들에게 하나님께서 특정한 시기에 특정한 사람들만 치유하실 것이고, 모든 사람을 치유하는 것은 아니라고 가르치거나 믿을 이유는 없다. 하나님께서 당신에게 제공하시는 것을 강탈하기 위해 의도된 거짓말을 믿지 마라.

성우 2: 치유는 오늘날 유효하지 않다.

치유는 오늘날 유효하지 않다는 것이 성우보다는 거짓말이 더 맞는다고 분류하긴 하지만, 이것을 믿는 사람들이 놀라울 정도로 많기 때문에 나는 성우에 포함한다. 나는 치유의 은사는 더 이상 역사하지 않는다는 선언에 대한 논쟁을 수없이 들었다. 심지어 기독교 서점에서 한 남자와 대화를 나눈 적도 있다. 그 남자는 치유를 믿는 데 어려움이 있었다. 그는 나에게 자신은 '그런 것'에 매우 회의적이라고 말했다. 아이러니하게도 '그런 것'은 이 세상에서 예수님의 사역이셨을 뿐만 아니라, 초대 교회의 기초였다.

여기에 누가복음 4장 18~19절에서 말하는 것이 있다.

> "주의 영께서 내게 임하셨으니 이는 그분께서 내게 기름을 부으사 가난한 자들에게 복음을 선포하게 하셨기 때문이라. 그분께서 나를 보내신 것은 마음이 상한 자들을 고치며 포로된 자들에게 구출을, 눈먼 자들에게 다시 보게 함을 선포하고 상처 입은 자들을 자유하게 하며 주의 받아 주시는 해를 선포하게 하려 하심이라, 하였더라." (KJV)

이 구절은 하나님께서 사역을 하도록 예수님을 보내셨다는 것을 보여 준다. 이런 사역들 중에 하나는 마음이 상한 자를 치유하는 것이다. 여기서 "고치며"에 사용된 단어는 헬라어로 iaomai다. 이 단어는 '낫게 하다, 치유하다, 완전하게 만들다'를 의미한다.

이 구절의 배경은 구원 또는 구조다. 누가는 두 가지 이유에서 육체적인 치유를 언급하고 있다는 것을 우리는 안다. (1) "마음이 상한 자"로 번역된 이 단어는 문자적으로 '사람의 몸을 찢다'(스트롱, G4937)를 의미한다. 그래서 이 문장에서 마음이 상했다는 것은 단지 감정적인 것이 아님을 이해한다. 이것은 문자적으로 사탄에게 육체적으로 억압당하고 있는 것을 의미한다. (2) 예수님은 병을 육체적으로 치유하심으로 이것이 사실이라는 것을 분명히 하셨다. 만일 이것이 단지 감정의 치유였다면, 예수님은 사람들의 감정 상태만 언급하셨어야 했다. 그러나 예수님은 그렇게 하지 않으셨다. 예수님은 육체와 영을 모두 치료하시는 치료자였다. 예수님은 죄의 포로가 된 사람들과 육체적으로 억압당하고 있는 사람들을 해방시키려고 오셨다.

치유의 능력을 뒷받침하는 다른 예가 누가복음 13장 11~13절에서 발견된다.

> "열여덟 해 동안이나 귀신 들려 앓으며 꼬부라져 조금도 펴지 못하는 한 여자가 있더라 예수께서 보시고 불러 이르시되 여자여 네가 네 병에서 놓였다 하시고 안수하시니 여자가 곧 펴고 하나님께 영광을 돌리는지라"

여기서 우리는 하나님의 초자연적인 능력에 대한 또 다른 장면을 본다. 이것은 하나님의 치유 계획을 나타낸다. 나는 이 구절에 사용된 말의 표현을 좋아한다: "여자가 곧 펴고." 그녀는 글자 그대로 기형이었고 사탄에 의해서 꼬부라져 있었다. 그녀는 사악한 힘에 매여 있었고, 그 힘은 그녀의 인생을 위한 하나님의 최초 계획을 없애 버렸다. 예수님은 그녀가 상상했던 것처럼 실제로 원래대로 되돌려 놓으셨다. 그녀는 예수님이 치료하기 위해서 오신 마음이 상한 자 중에 한 명이었다.

예수님은 우리 모두를 원래대로 되돌릴 수 있는 능력을 갖고 계신다!

이 실례의 요점은 치유는 하나님의 아들인 예수님의 유례없는 행동 그 이상이었음을 입증하기 위한 것이다. 성경에 나오는 모든 치유의 기적은 피조물을 치료하고 그 피조물을 완전하게 만들기 위한 하나님의 계획을 나타냈다.

치유는 더 이상 효력이 없다고 믿는 사람들은 피조물을 위한 하나님의 계획이 왜 그런지 바뀌었다고 주장하고 있다. 하나님의 계획은 바뀌지 않았다. 치유와 회복을 위한 하나님의 계획은 오늘날에도 존속하고 건재하다. 하나님은 말라기 3장 6절에서 우리에게 말씀하신다: "나 여호와는 변하지 아니하나니."

하나님은 변하지 않으신다. 성경은 말한다. 하나님은 어제나, 오늘이나, 영원토록 동일하시다(히 13:8을 보라). 이 성경적인 진실은 마가복음 16장 17~18절에서 더 설명된다.

> "믿는 자들에게는 이런 표적이 따르리니 곧 그들이 내 이름으로 귀신을 쫓아내며 새 방언을 말하며 뱀을 집어올리며 무슨 독을 마실지라도 해를 받지 아니하며 병든 사람에게 손을 얹은즉 나으리라 하시더라"

여기서 우리는 예수님께서 제자들에게 분명하고 뚜렷하게 설명하시는 것을 본다. 예수님은 승천 후에 우리가 어떻게 해야 되는지 말씀하신다. "손을 얹은즉"이란 구절은 능동태로 쓰였다. 이것은 우리가 계속해서 실행해야 되는 것을 의미한다.

우리는 이 현실 속에서 살아야 될 책임이 있다. 18절 끝부분의 "~리라"는 헬라어로 echo란 단어다. 이 단어는 '자신의' 또는 '소유'(스트롱, G2192)를 의미한다. 다시 말해서, 우리는 이 진리에 대한 주인의식을 가져야 한다. 우리는 이 구절을 소유해야 한다. 이 구절은 약속이고 보증서다. 만일 우리가 성도들이고 병든 사람에게 손을 얹는다면, 하나님의 말씀은 그들이 나을 것이라고 선포한다. 그들은 절대적으로, 분명히 나을 것이다.

이것은 나에게 치유는 더 이상 기능하지 못한다는 소리로 들리지 않는다. 사실 초대 교회는 기적에 의해서 세워졌고, 오늘날에도 기적이 계속해서 나타난다. 예수님께서 살아 계시다는 것을 기억하라. 만일 예수님의 팔이 짧아서 육체를 치유할 수 없다면, 지옥에 묶여 있는 죄인을 구원할 수 있다고 어떻게 우리가 주장할 수 있을까? 지옥에 묶여 있는 죄인을 구원하는 것보다 분명하고 더 큰 기적이 있을까?

그리스도께서 이 세상에서 치유를 행하셨을 때처럼, 하나님의 치유 계획이 견고하다는 것은 단순한 진리다. 이 외에도 치유가 '폐업' 되었다고 말한 성경 구절은 하나도 없다.

종교는 매우 위험한 것일 수 있다. 사랑하는 자여, 나의 신학은 타협하지 않는 하나님의 말씀에 근거하려고 노력했다.

성우 3: 하나님은 우리를 혼내기 위해서 병을 사용하신다!

이것은 아마도 오늘날 교회에서 가장 널리 받아들여지고 흔하게 선포되는 성우일 것이다. 사실 이것은 개인적으로 나의 기독교경험에서도 커다란 부분을 차지하는 성우다. 이 믿음이 의식적이든 무의식적이든, 때때로 이것은 우리 모두에게 영향을 미쳤다. 그리고 지금은 그리스도의 지체인 많은 성도들에게 영향을 미치고있다.

이 책 앞부분에서, 우리는 하나님의 속성에 대한 잘못된 묘사 때문에 유혹에 대해서 다뤘다. 나는 인생의 대부분을 하나님은 나를벌주시기 위해 언제 어느 때나 기다리는 분으로 생각했다. 내가 잘못한 것에 대한 대가를 항상 내가 지불하도록 만드는 하나님으로본 것이다. 이 믿음은 율법주의에 뿌리를 두고 있다. 애석하게도,나는 그리스도인의 삶에 대해서 이런 생각을 갖고 있었다.

잘못된 가르침은 흔히 이런 사고방식을 갖게 만든다. 이것은 옛언약 방식으로 생각하는 데서 기인한다. 조금 전, 나는 한 목사가성도 중 한 명이 병원에 입원한 이유를 말하는 것을 들었다: "하나님은 병을 통해 그를 혼내려 하신 겁니다."

내가 하나님의 주권을 믿기는 하지만, 하나님의 주권에는 경계가 있다는 것을 성경을 통해서 안다. 하나님의 말씀은 시편 138편2절에서 다음과 같이 선포한다: "주께서 주의 말씀을 주의 모든 이름보다 높게 하셨음이라." 여기서 하나님의 주권은 하나님의 말씀을 통해서 표현된다는 것을 볼 수 있다. 하나님의 말씀의 경계를 넘어서는 하나님의 주권에 대한 개념은 아무리 낙관해도 성경의 가르침에 반하는 것이다.

아이를 혼내기 위하여 아이의 팔을 부러뜨리는 일을 당신이 하지 않는 것처럼, 하나님께서 거듭난 성도들에게 어떤 것을 깨닫게 하거나 그를 혼내기 위하여 병을 사용하지 않으신다는 것은 진리다. 어떤 사람은 "나는 하나님이 아니에요"라고 말할지도 모른다. 성경은 이렇게 말한다: "너희가 악한 자라도 좋은 것으로 자식에게 줄 줄 알거든 하물며 하늘에 계신 너희 아버지께서 구하는 자에게 좋은 것으로 주시지 않겠느냐"(마 7:11).

여기서 "악한"으로 사용된 단어는 poneros란 단어다. 이것은 '나쁜 본성의'(스트롱, G4190)라는 의미다. 이 말은 심지어 나쁜 본성을 가진 인간도 선천적으로 자신의 자녀를 위하여 좋은 일을 하기 바란다는 사실을 설명하기 위하여 사용된다. 그렇다면 선한 본성을 가지신 하나님은 자녀에게 얼마나 잘하길 원하실까?

그 목사가 교구의 성도에게 하나님의 작용으로 병들게 됐다고 말했을 때 나의 마음은 찢어졌다. 우리는 하나님이 아니라는 그의 주장이 맞을지라도, 하나님께서 우리를 혼내기 위해서 병을 사용하셨다는 믿음은 단지 오류를 증명하는 역할을 하는 것뿐이다.

창세기는 우리가 하나님의 형상으로 만들어졌다고 말한다(창 1:26~27을 보라). 이것은 하나님께서 우리 안에 하나님의 속성과 동일한 속성을 두셨다는 것을 의미한다. 심지어 최악의 죄인도 자녀의 죽음에 분노하는 이유가 이것이다. 정의는 절대적이다. 그리고 보편적으로 모든 인간이 정의를 받아들인다. 왜냐하면 우리 모두는 하나님의 형상으로 만들어졌기 때문이다.

만일 우리의 자녀에게 해로운 약을 준다는 것을 부모의 속성을 가진 우리가 이해하기 어렵다면, 하늘에 계신 아버지가 그렇게 잔인하다는 것을 우리가 믿을 수 있을까? 사람들이 "하나님은 나를 혼내기 위해서 이 암을 사용하고 계셔" 또는 "하나님은 이 병을 통해서 나를 시험하고 계셔"라고 말할 때, 이것은 정확히 사람들이 제안하는 것이다.

성경은 하나님은 악에게 시험을 받지도 아니하시고, 우리를 시험하지 아니하신다고 명료하게 말한다(약 1:13을 보라). 과거에 당신은 아픈 것으로부터 가치 있는 교훈을 배웠는가? 내가 아픈 것으로부터 배운 한 가지 교훈은, 나는 병을 증오하고 다시는 절대 아프지 않기로 결정했다는 것이다. 사랑하는 자여, 만일 하나님께서 당신에게 어떤 것을 보여 주기 위해서 은밀하게 시험하신다면, 당신은 그 시험을 절대로 통과하지 말라!

성도들을 시험하는 유일한 것은 자신의 믿음이다. 성경은 말한다: "이는 너희 믿음의 시련이 인내를 만들어 내는 줄 너희가 앎이라"(약 1:3). 하나님은 우리의 믿음이 시련 받는 것을 허용하신다. 그 이유는 시련이 인내를 만들어 내기 때문이다. 하나님은 우리의 믿음이 강하게 되길 원하신다. 왜냐하면 우리의 믿음은 하나님을 기쁘시게 하기 때문이다. 우리의 믿음은 진위를 증명하기 위해 환경에 의해서 시험받는다.

이것은 하나님께서 성도들을 아프게 만드는 것과는 완전히 다른 것이다.

성우 4: 병은 내 육체에 가시다.

이것은 내 마음에 드는 성우 중 하나로서, 이는 하나님께서 우리를 혼내기 위해서 병을 사용하신다는 개념과 비슷하게 널리 신봉되는 믿음이다. 우리의 믿음은 하나님의 말씀에 기초해야만 한다고 내가 전에도 말했고, 앞으로도 계속해서 주장할 것이다. 게다가 우리는 하나님의 말씀을 옳게 분별해야 한다(딤후 2:15을 보라). 이 발상은 나의 가슴에 와 닿는다. 왜냐하면 내가 대단히 존경하고 신뢰하는 사람이 이 구절을 사용하기 때문이다.

고린도후서에서 바울은 자신의 딜레마를 나눈다. 바울은 사도의 직분을 변호한다. 그리고 자신이 하나님으로부터 받은 환상과 계시를 나눈다.

바울이 말한 것을 주목하라.

> "여러 계시를 받은 것이 지극히 크므로 너무 자만하지 않게 하시려고 내 육체에 가시 곧 사탄의 사자를 주셨으니 이는 나를 쳐서 너무 자만하지 않게 하려 하심이라" (고후 12:7)

이 성우의 감춰진 속성을 이해하기 위해서, 우리는 이 구절을 정밀 조사해야 하고, 이것이 무엇을 말하는지를 분명하게 이해해야 한다. 헬라어로 hyperairo는 자만한 것을 설명하는 데 사용된다. 이 자만은 "육체의 가시"가 없을 때에 일어나는 것이다. "자만하지"로 번역된 이 단어가 반드시 부정적인 면에 사용되는 것은 아니다. 이것은 '어떤 것을 들어 올리거나 일으키는 것' (스트롱, G5229)을 의미한다. 본질적으로 바울은 가시가 자신을 '계시를 받은 것이 지극히 크므로 너무 자만하지' 않도록 지킨다고 말했다.

여기서 주의할 점은, 이것이 하나님께서 바울에게 나쁜 것을 행함으로 그를 겸손하게 만드셨다는 의미로 표현되었다는 것이다. 그러나 애석하게도, 이것이 본문에서 언급되거나 적용된 곳은 어디에도 없다. 잠시 이것에 대해서 생각해 보자. 하나님은 목회자들이 하나님에 대해서 너무 많이 안다는 이유로 자신의 목회자들에게 벌을 주는 분이실까? 이것은 전혀 말이 안 된다! 하나님은 우리가 얼마나 많은 계시를 다룰 수 있는지 아신다. 하나님이 우리가 다룰 수 있는 것보다 더 많은 것을 우리에게 주시고, 그 후에 교만하지 않도록 우리에게 벌을 주실까? 이것은 사실이 아닌 일련의 생각들인 것만은 확실하다.

성경은 다음과 같이 말한다.

> "우리 주 예수 그리스도의 하나님, 영광의 아버지께서 지혜
> 와 계시의 영을 너희에게 주사 하나님을 알게 하시고" (엡 1:17)

우리가 하나님에 대한 계시를 받는 것이 하나님의 기쁨이다. 나도 가르침을 받았기 때문에, 여러 해 동안 나는 전후 문맥을 완전히 무시하고 이 구절을 사용하곤 했었다. 하나님은 우리와 게임하는 분이 아니시다. 우리는 우리에게 자신을 계시하기를 열망하시는 하나님을 한결같고 특별하게 섬긴다.

이 성우의 두 번째 면은 병에 대한 언급이 전혀 없다는 사실이

다. 병을 가시로 언급한 방식은 없다. 이 구절에서 "가시"로 번역된 단어는 문자적으로 '막대기, ~나무의 뾰쪽한 조각'(스트롱, G4647)을 의미한다.

바울은 가시 조각을 자신에게 주셨다고 말한다. 이것에 대해서 잠시 생각해 보라. 가시 조각은 피부 속으로 들어간 어떤 종류로, 이것은 사람을 짜증나게 하거나 흥분하게 한다. 이것은 좋은 것이 아니다. 온갖 좋은 선물은 위로부터 온다는 것을 기억하라(약 1:17을 보라). 만일 바울의 가시가 하나님으로부터 왔다면, 그것은 좋은 것임에 틀림없다.

이 발상의 세 번째 면은, 성경은 가시가 어디서 비롯됐는지를 우리에게 정확하게 말한다. 고린도후서 12장 7절은 그것이 "사탄의 사자"였다고 말한다. 사자라는 단어는 헬라어로 **aggelos**다. 이 단어는 '메신저 천사'(스트롱, G32)를 의미한다.

우리는 이 구절에서 두 가지를 알 수 있다. (1) 가시는 영이었다. 바울의 고통은 사실상 영적인 것이었다. (2) 우리는 그 영이 사탄으로부터 왔다는 것을 안다. 사탄은 바울에게 고통을 주거나 억압하려고 영을 보냈다.

이것은 전체 구절에 대한 우리의 개념을 변화시킬 것이다. 하나님은 바울을 혼내려고 두들겨 부수지 않으신다. 이것은 바울이 더 많은 계시를 받지 못하도록 방해하기 위하여 바울을 억압하는 사탄의 문제였다. 사탄은 우리가 하나님에 대한 계시를 받는 것을 원하지 않는다. 그 이유는 우리가 하나님에 대해서 더 많이 알면 알수록 사탄을 능가하는 권위를 더 많이 취하게 될 것이기 때문이다.

사도 바울이 그것에 대해서 어떻게 대답했는지 살펴봄으로 우리는 이 가시의 속성에 대해서 더 깊게 알 수 있다: "**이것이 내게서 떠나가게 하기 위하여 내가 세 번 주께 간구하였더니**" (고후 12:8). 바울은 그것이 떠나가게 할 수 있는지 하나님께 물었다. 흥미롭게도 "떠나가게"로 번역된 단어는 aphistemi다. 이것은 '멀리 떨어져 있게 만들다, 철수를 초래하다' (스트롱, G868)라는 의미다. 이것은 공격의 조짐을 나타내는 군사 전문 용어다. 바울은 이 공격이 철수되도록 하기 위해서 하나님께 물었다. 그리고 하나님은 응답하셨다: "내 은혜가 네게 족하도다" (고후 12:9).

하나님은 바울에게 하나님에게서 무엇이 오든 충분히 대처할 수 있도록 바울에게 주신 은혜를 말씀하셨다. 하나님은 "아니야, 바울, 나는 너를 구원하지 않을 거야"라고 결코 말씀하지 않으셨다. 그런 말은 성경 어디에도 없다. 사실 하나님은 사도에게 하나님의 능력은 그가 필요한 모든 것이었다고 말씀하셨다.

바울은 계시를 자랑하지 않았다. 바울은 자신이 약할 때 전능하신 하나님의 능력을 자신에게 머물게 하려 함이라는 그 사실을 자랑했다. 그리고 다음 구절에서 바울은 가시가 어떤 것인지를 정확히 설명했다: 능욕, 궁핍, 박해, 곤고함. 그리고 우리는 바울의 사역을 통해서 이것이 입증되었다는 것을 알 수 있다: 바울이 당한 극단적인 박해, 비난, 사람들이 그에게서 자원을 끊은 것. 바울은 개인적으로 이것들 중에서 어떤 것도 제거하지 않았다. 그 이유는 그리스도의 능력이 그에게 상당히 머물렀기 때문이었다.

이것은 이 구절에서 극히 중요한 메시지다. 우리가 교만하지 않도록 우리를 아프게 만드시는 하나님을 암시하는 것은 어디에도 없다. 사실 바울의 모든 서신서에서 바울이 아팠다는 기록은 전혀 없다. 우리가 아는 전부는 바울이 하나님의 초자연적인 능력으로 행했다는 것이다.

하나님의 말씀은 하나님의 보증서다. 그리고 하나님은 자녀에게 많은 은혜를 약속하셨다. 이렇게 해서 우리는 하나님을 바라보기로 선택했다. 그리고 하나님의 말씀은 그리스도께서 비싼 대가를 지불하신 하나님의 약속을 행하기 위한 우리의 능력을 밝혀 주신다. 우리는 결심해야 한다. 하나님께서 우리의 인생을 위해서 원하시는 것을 우리도 원하기로 결정해야 한다.

사랑하는 자여, 하나님은 우리가 건강하길 원하시고, 성경은 그것을 입증한다!

· · · · ·

기도의 능력

하나님 아버지, 하나님의 말씀은 독단적이거나 혼란스럽지 않습니다. 하나님의 약속은 솔직 담백하고, 사람들에게는 사랑을 줍니다. 저를 위한 하나님의 모든 소망으로 인해 감사드립니다. 하나님의 은혜로, 저는 진짜 하나님이신 하나님을 알기 원합니다. 하나님께서 그 말씀이 이해되길 의도하신 그대로 하나님의 말씀을 받아들입니다. 저는 저의 '성우' 를 포기

하기로 선언합니다. 대신에 제 마음에 하나님의 말씀을 남김
없이 받아들이기로 선택했습니다. 하나님의 사랑과 진리에
감사합니다. 예수님의 이름으로 기도드립니다. 아멘.

Chapter 15

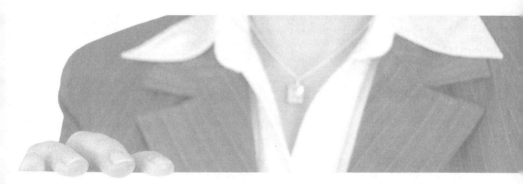

Healing Scriptures

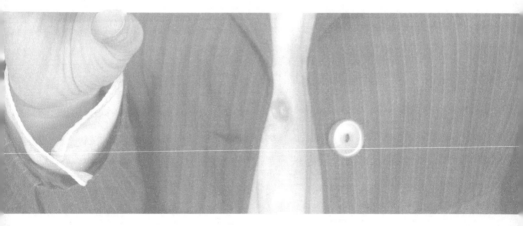

15장

치유에 관련된 성경 구절

이 장은 뉴킹제임스성경(NKJV)의 치유와 관련된 성경 구절이 들어 있다. 나는 수없이 많은 사람들에게 치유 사역과 구원 사역을 할 때 이 구절들을 사용해 왔다. 부디 읽고 완전한 하나님의 말씀에 의해 당신의 영이 고양되기를 바란다.

출애굽기 15:26

"네가 주 너의 하나님의 음성에 부지런히 귀기울이고 그가 보시기에 옳은 일을 행하며, 그의 계명들에 청종하고 그의 모든 규례들을 지키면, 내가 이집트인들에게 가져왔던 그 질병들의 하나도 너에게 내리지 아니하리라. 이는 내가 너를 치유하는 주이기 때문이라."

출애굽기 23:25~26

"너희는 주 너희 하나님을 섬길지니라. 그가 너의 양식과 너의 물에 복을 주며 내가 네 가운데서 병을 제거하리라. 네 땅에는 유산하는 자가 없고 임신하지 못하는 자가 없으리니 내가 네 날들 수를 채우리라."

신명기 7:13

"주께서는 너를 사랑하시고 복 주시고 번성케 하시며, 주께서 네게 주리라고 네 조상에게 맹세하신 땅에서 네 태의 열매와 네 땅의 열매와 네 곡식과 네 포도주와 네 기름과 네 소떼와 네 양떼들에게 복을 주시리라."

신명기 28:1~14

"네가 주 너의 하나님의 음성을 열심히 듣고 내가 오늘 네게 명령하는 그분의 모든 명령들을 지켜 행하면 주 너의 하나님께서 너를 땅의 모든 민족들보다 높게 세우시리라. 네가 주 너의 하나님의 음성에 경청하면 이 모든 복들이 네게 임할 것이며 네게 미치리라. 너는 성읍 안에서도 복을 받고, 또 너는

들에서도 복을 받을 것이니라. 네 몸의 열매와 네 땅의 열매와 네 가축의 열매와 소의 새끼와 네 양의 새끼 떼들은 복을 받을 것이며 네 광주리와 창고가 복을 받을 것이니라. 네가 들어와도 복을 받을 것이요, 네가 나가도 복을 받을 것이니라. 주께서는 너를 대적하여 일어난 네 원수들을 네 면전에서 얻어맞게 하시리니, 그들이 너를 대적하여 한 길로 들어왔다가 네 앞에서 일곱 길로 도망하리라. 주께서는 네 창고와 네 손으로 하는 모든 일에 네게 복을 명하실 것이며 또 주 너의 하나님께서 네게 주신 땅에서 너에게 복 주실 것이니라. 네가 주 너의 하나님의 명령을 준수하고 그분의 길에서 행하면 주께서는 네게 맹세하신 대로 너를 자신에게 거룩한 백성으로 세우시리라. 땅의 모든 백성이 네가 주의 이름으로 불리는 것을 보리니, 그들이 너를 두려워하리라. 주께서는 주께서 네게 주시기로 네 조상들에게 맹세하신 땅에서 네 몸의 열매들과 네 가축의 열매들과 네 땅의 열매들에서 좋은 것들로 너를 풍요롭게 하시리라. 주께서는 그분의 풍성한 보물창고를 네게 여사 하늘에서 계절에 따라 네 땅에 비를 내리시고, 네 손으로 하는 모든 일에 복을 주시리니, 네가 많은 민족에게 빌려줄 것이나 네가 빌리지는 않을 것이니라. 주께서는 너를 머리가 되게 하시고 꼬리가 되지 않게 하시며, 너로 위에만 있게 하시고 너로 아래에는 있지 않게 하시리라. 너는 내가 오늘 네게 지켜 행하라고 명령하는 주 너의 하나님의 명령들을 경청하고 너는 내가 오늘 네게 명한 어떤 말씀들에서도 좌로나 우로나 빗나가지 말며 다른 신들을 따라가서 그들을 섬기지 말지니라."

신명기 31:6

"너는 강건하고 담대하라. 그들을 두려워하거나 무서워하지 말라. 그 분께서는 너와 함께 가실 주 너의 하나님이시니 그 분께서는 너를 단념하지도 않으시고 버리지도 아니하시리라."

열왕기상 3:14

"네가 네 아버지 다윗이 행한 것처럼 내 길로 행하여 나의 규례와 나의 명령을 지키면 내가 네 날들을 늘려 주리라."

시편 23

"주는 나의 목자시니 내가 부족한 것이 없으리로다. 그가 나를 푸른 초장에 눕게 하시며, 잔잔한 물가로 나를 인도하시는도다. 그가 내 혼을 소생시키시고 그의 이름을 위하여 의의

길들로 나를 인도하시는도다. 정녕, 내가 죽음의 그림자의 골
짜기를 지날지라도 악을 두려워하지 않으리니, 이는 주께서
나와 함께 계심이요, 주의 지팡이와 주의 막대기가 나를 위로
하심이라. 주께서 내 원수들의 면전에서 내 앞에 식탁을 마련
하셨나이다. 주께서 내 머리에 기름으로 부으셨으니 내 잔이
넘치나이다. 진실로 선하심과 자비하심이 내 생애의 모든 날
동안 나를 따르리니, 내가 주의 전에 영원히 거하리로다."

시편 41:1~3

"가난한 자를 염려하는 자는 복이 있으니, 주께서 고난의 때
에 그를 구하시리이다.] 주께서 그를 보호하시고 살게 하시리
니 그가 땅에서 복을 받을 것이며, 주께서 그를 그의 원수들
의 뜻에 맡기지 아니하시리이다. 주께서는 병상에서 그에게
힘을 돋우시며, 그의 병든 때에 그의 모든 침상을 고치시리이
다."

시편 91

"지극히 높으신 이의 은밀한 곳에 거하는 자는 전능하신 이
의 그늘 아래 살리로다. 내가 주에 관하여 말하기를 "그는 나

의 피난처시며 나의 요새시요, 나의 하나님이시니 내가 그를 신뢰하리라." 하리로다. 참으로 그가 너를 새 사냥꾼의 덫과 지독한 전염병에서 건져내시리라. 그가 너를 자기 깃털로 덮으시리니, 네가 그의 날개 아래 피하리로다. 그의 진리가 너희 방패와 손 방패가 되리니 네가 밤에 공포나, 낮에 날아가는 화살이나, 어둠 속에서 만연하는 전염병이나, 백주에 황폐케 하는 멸망을 두려워하지 아니하리로다. 천 명이 네 옆에서, 만 명이 네 오른편에서 쓰러질 것이나, 그것이 네게는 가까이 오지 못하리라. 오직 네가 네 눈으로 보게 되리니, 악인의 보응을 보리로다. 네가 나의 피난처이신 주, 곧 지극히 높으신 분을 네 처소로 삼았으므로 어떠한 재앙도 네게 닥치지 못하며, 어떠한 전염병도 네 장막에 가까이 가지 못하리라. 이는 그가 너를 위하여 자기 천사들에게 명하시어 너의 모든 길에서 너를 지키게 하실 것임이라. 그들이 그들의 손으로 너를 받들어 네 발이 돌에 부딪히지 않게 할 것이요 네가 사자와 독사를 밟으며, 젊은 사자와 용도 발로 짓밟으리로다. 그가 나를 사랑하였으므로 내가 그를 구해 낼 것이며, 그가 나의 이름을 알았으므로 내가 그를 높이리라. 그가 나를 부르리니 내가 그에게 응답하리라. 고난중에 내가 그와 함께할 것이며, 내가 그를 구해 내고 그를 영화롭게 하리라. 내가 장수로 그를 만족케 하여 내 구원을 그에게 보이리라."

시편 103:1~5

"오 내 혼아, 주를 송축하라. 내 안에 있는 모든 것들아, 그의 거룩한 이름을 송축하라. 오 내 혼아, 주를 송축하고 그의 모든 베푸심을 잊지 말라. 그는 네 모든 죄악을 용서하시며, 네 모든 질병을 치유하시고 너의 생명을 파멸에서 구속하시며, 자애와 온유한 자비들로 네게 관을 씌우시고 좋은 것들로 네 입을 흡족케 하시니, 네 젊음이 독수리의 젊음같이 새로워지는도다."

시편 105:37

"그가 또 그들로 은과 금을 가지고 나오게 하셨으니, 그들의 지파들 가운데 약한 자가 한 명도 없었도다."

시편 107:19~20

"그때 그들이 그들의 고통 속에서 주께 부르짖으니, 그가 그들의 고난에서 그들을 구하시는도다. 그가 그의 말씀을 보내시어 그들을 고치셨으며 그들의 파멸에서 그들을 구하셨도다."

시편 118:17

"내가 죽지 않고 살아서 주의 행사들을 선포하리라."

잠언 3:5~8

"네 마음을 다하여 주를 신뢰하고, 네 자신의 명철을 의지하지 말라. 모든 길에서 그를 인정하라. 그리하면 그가 네 길들을 지도하시리라. 네 자신의 눈에 현명하게 되지 말라. 주를 두려워하고 악에서 떠나라. 그것이 네 몸에 건강이 되며 네 뼈에 골수가 되리라."

잠언 4:20~22

"내 아들아, 내 말들을 경청하고 내가 말하는 것들에 귀를 기울이라. 그것들을 네 눈에서 떠나지 않게 하고, 네 마음 속에 간직하라. 이는 그것들이 그것들을 발견하는 자들에게 생명이 되며 그들의 온 육체에 건강이 됨이라."

잠언 9:10~11

"주를 두려워하는 것이 지혜의 시작이요, 거룩한 이에 대한
지식은 명철이니라. 나로 인하여 네 날들이 많아질 것이며 네
생명의 연수가 늘어나리라."

잠언 12:18

"칼로 찌르듯이 말하는 것도 있으나, 현명한 자의 혀는 병을
고치느니라."

잠언 12:25

"사람의 마음 속의 근심은 의기소침하게 만드나, 선한 말은
마음을 기쁘게 하느니라."

잠언 14:30

"건전한 마음은 육신의 생명이나, 시기는 뼈를 썩게 하느니
라."

잠언 15:30

"눈의 빛은 마음을 즐겁게 하고, 좋은 소식은 뼈를 살찌게 하
느니라."

잠언 16:24

"즐거운 말들은 벌집 같아서 혼에 달고 뼈에 건강이 되느니
라."

잠언 17:22

"즐거운 마음은 약과 같이 좋으나, 상한 영은 뼈를 마르게 하
느니라."

이사야 30:15

"주 하나님, 곧 이스라엘의 거룩하신 분이 이같이 말하노라.
너희가 돌이켜서 쉬면 구원을 받을 것이요, 조용히 함과 신뢰
함 안에서 너희의 힘이 있을 것이나, 너희가 원치 아니하고"

이사야 40:28~31

"너는 알지 못하였느냐? 영원하신 하나님, 주는 땅 끝들의 창조주시며 피곤치 아니하시며 곤비치 아니하신 분인 것을 너는 듣지 못하였느냐? 그의 명철은 한없이 깊으시도다. 그는 곤비한 자에게 힘을 주시며 무력한 자에게 힘을 더해 주시나니 젊은이들일지라도 곤비하고 피곤하며 청년들이라도 넘어지나 오직 주를 앙망하는 자는 자기의 힘을 새롭게 하리니, 마치 독수리가 날개로 치솟는 것 같을 것이요, 그들이 달려도 피곤치 않으며 걸어도 곤비치 아니하리라."

이사야 41:10~18

"두려워 말라, 내가 너와 함께함이라. 놀라지 말라, 내가 네 하나님임이라. 내가 너를 강건하게 하리라. 정녕, 내가 너를 도우리라. 정녕, 내가 내 의의 오른 손으로 너를 높이리라. 보라, 네게 노했던 모든 자들이 수치와 욕을 당하리라. 그들은 하찮은 것같이 될 것이요, 너와 싸우는 자들은 망하리라. 네가 너와 싸우는 그들을 찾을 것이나 그들을 만나지 못하리라. 너를 대적하여 전쟁하는 그들은 하찮은 것같이 될 것이요 아무것도 아닌 것처럼 되리라. 이는 나 주 너의 하나님이 네 오른손을 붙들고 네게 말하기를 "두려워 말라, 내가 너를 도우리라." 할 것임이라. 너 벌레 야곱아, 두려워 말라. 너희 이스라엘 사람들아, 내가 너를 도우리라. 이스라엘의 거룩한 분인 네 구속자, 곧 주가 말하노라. 보라, 내가 너로 이가 날카로운 새 타작기구를 삼으리니, 네가 산들을 쳐서 부스러기로 만들 것이며 작은 산들을 쭉정이같이 만들 것이라. 네가 그것들을 까부르리니 바람이 그것들을 날릴 것이며, 회오리 바람이 그들을 흩을 것이라. 네가 주 안에서 즐거워할 것이며 이스라엘의 거룩한 분 안에서 자랑하리라. 가난하고 궁핍한 자들이 물을 구하는데, 물이 없어서 그들의 혀가 갈증으로 덮이면 나 주가 그들을 들을 것이며 나 이스라엘의 하나님이 그들을 버리지 아니할 것이라. 내가 높은 곳에 강들을 열 것이며 골짜기들 가운데에 샘들을 열 것이라. 내가 광야로 물의 웅덩이를 만들겠으며 마른 땅으로 물의 근원이 되게 하리라."

이사야 43:1~2

"이제, 오 야곱아, 너를 창조하신 주가 이같이 말하노라. 오 이스라엘아, 너를 조성하신 이가 말하노라. 두려워 말라. 내가 너를 구속하였고 내가 너를 지명하여 불렀으니, 너는 내 것이라. 네가 물들을 통과할 때도 내가 너와 함께 있을 것이며, 네가 강들을 통과할 때에도 물이 너를 덮치지 못할 것이라. 네가 불 속을 통과해서 걸을 때에도 타지 않을 것이며, 불

꽃이 네 위에서 타지 못할 것이라."

이사야 53:4

"실로 그가 우리의 질고를 지고 우리의 슬픔을 지었는데도, 우리는 그가 형벌을 받아 하나님께 맞으며 고난당한 줄로 생각하였도다."

이사야 55:10~11

"비와 눈이 하늘에서 내려 그곳으로 다시 돌아가지 않고 땅을 적셔서 싹을 내어 뿌리는 자에게 씨를 주고 먹는 자에게 양식을 줌과 같이 내 입에서 나가는 내 말도 그러하나니, 그것은 내게 헛되이 돌아오지 아니하고 내가 기뻐하는 것을 이루며 내가 보낸 곳에서 번성할 것이니라."

이사야 58:8

"그러면 네 빛이 아침같이 쏟아질 것이요 네 건강이 속히 솟구칠 것이며, 네 의가 네 앞서 갈 것이요 주의 영광이 네 상급

이 되리라."

이사야 58:10~11

"만일 네 혼을 굶주린 자에게 주어 괴로워하는 혼을 만족케 하면, 네 빛이 어두컴컴한 곳에서 솟아나서 네 어두움이 정오와 같이 되리라. 또 주는 너를 계속 인도하여 가뭄에서도 네 혼을 만족케 하며 네 뼈를 살찌게 하리니, 그러면 너는 물 댄 동산 같을 것이며 물이 끊기지 않는 샘물 같으리라."

이사야 61:3

"시온에서 슬퍼하는 자들을 정하여 그들에게 재 대신 아름다움을, 슬픔 대신 기쁨의 기름을, 무거운 영 대신 찬양의 의복을 주어 그들로 주의 심으신 의의 나무들이라 불리게 하여 주께서 영광을 받으시려는 것이라."

예레미야 30:17

"주가 말하노라. 내가 너에게 건강을 회복시켜 주고 내가 너를 네 상처들에서 치유시켜 주리니, 이는 그들이 너를 '쫓겨난 자' 라고 부르며, 말하기를 "이것이 아무도 찾는 자가 없는 시온이라." 하였기 때문이라."

예레미야 33:6

"보라, 내가 이 성읍에 건강과 치유를 가져오고, 또 내가 그들을 치유하며 그들에게 화평과 진리의 풍성함을 나타내리라."

말라기 4:2

"그러나 내 이름을 두려워하는 너희에게는 의의 태양이 그의 날개에 치유를 가지고 솟아오르리니, 그리하면 너희는 나가서 외양간의 송아지들처럼 자라리라."

마태복음 4:23

"예수께서 온 갈릴리에 두루 다니시며 그들의 회당에서 가르치시고, 또 왕국 복음을 전파하시며 백성 가운데 모든 질병과 모든 허약함을 고쳐 주시더라."

마태복음 8:13

"예수께서 그 백부장에게 말씀하시기를 "가라, 네가 믿은 대로 네게 이루어지리라." 고 하시니, 그의 종이 그 시각에 나으니라."

마태복음 8:14~15

"예수께서 베드로의 집에 오셔서 그의 아내의 모친이 열병으로 누워 있는 것을 보시고 그 여인의 손을 만지시니, 열병이 떠나가고 여인이 일어나 그들을 섬기더라."

마태복음 8:16~17

"저녁이 되었을 때에, 사람들이 예수께로 마귀에게 사로잡힌 자들을 많이 데려왔으니 예수께서 말씀으로 그 영들을 쫓아내시고 병든 자들을 모두 고쳐 주시니라. 그렇게 하심은 선지자 이사야를 통하여 말씀하신 것을 이루려 하심이니, 말씀하시기를 "그가 친히 우리의 연약함을 맡으시고 우리의 질병을 짊어지셨느니라." 고 하셨더라."

마태복음 9:2

"그런데, 보라, 사람들이 침상에 누운 한 중풍병자를 주께 데려오니, 예수께서 그들의 믿음을 보시고 그 중풍병자에게 말씀하시기를 "아들아, 기운을 내라. 네 죄들이 용서받았느니라."고 하시더라."

마태복음 9:6~7

"그러나 인자가 땅 위에서 죄들을 용서하는 권세를 가진 것을 너희로 알게 하려 함이라." 하신 후 (중풍병자에게 말씀하시기를) "일어나 네 침상을 들고 네 집으로 가라."고 하시니 그가 일어나서 자기 집으로 가더라."

마태복음 9:29~30

"그때 주께서 그들의 눈을 만져 주시며 말씀하시기를 "너희 믿음대로 되라."고 하시니 그들의 눈이 뜨이더라. 그때에 예수께서 그들에게 엄히 당부하여 말씀하시기를 "아무도 알지 못하게 하라."고 하시니라."

마태복음 9:32~33

"주와 그 일행이 떠나갈 때에, 보라, 사람들이 마귀에게 사로잡힌 벙어리 한 사람을 그에게 데려오니라. 그 마귀가 쫓겨나자 그 벙어리가 말을 하더라. 무리가 놀라며 말하기를 "일찍이 이스라엘에서 이런 일을 본 적이 없도다." 라고 하더라."

마태복음 9:35

"그 후에 예수께서 모든 성읍과 마을들을 돌아다니시며 그들의 회당에서 가르치시고, 왕국 복음을 전파하시며, 또 백성 가운데서 모든 질병과 허약함을 고쳐 주시더라."

마태복음 10:1

"주께서 자기 열두 제자들을 부르시어 그들에게 더러운 영들을 쫓아내며 모든 병과 허약함을 치유하는 권세를 주시더라."

마태복음 10:7~8

"가서 전할 때, '천국이 가까이 왔다.' 고 말하고 병든 자들을
고쳐 주고, 문둥병자들을 깨끗케 하며, 죽은 자들을 살리고,
마귀들을 내어 쫓으라. 너희가 값없이 받았으니 값없이 주어
라."

마태복음 11:5

"소경이 보고, 절름발이가 걸으며, 문둥병자가 깨끗해지고,
귀머거리가 들으며, 죽은 자들이 일으켜지고, 가난한 자들에
게 복음이 전파된다 하라."

마태복음 12:15

"그러나 예수께서 이를 아시고 그 곳을 떠나시니, 큰 무리가
그를 따르더라. 주께서 그들을 다 고쳐 주시고"

마태복음 12:17~18

"그것은 선지자 이사야를 통하여 말씀하신 바를 이루어지게 하려 함이니, 말씀하시기를 "보라, 내가 택한 나의 종, 나의 사랑하는 자를, 그 안에서 내 혼이 기뻐하노라. 내가 내 영을 그에게 두리니 그가 이방인들에게 심판을 보이리라.""

마태복음 14:14

"예수께서 나오셔서 큰 무리를 보시고 가엾게 여기시어 그들의 병을 고쳐주시니라."

마태복음 15:28

"예수께서 대답하여 그 여인에게 말씀하시기를 "오 여인아, 네 믿음이 크도다. 네가 바라는 대로 될지어다." 라고 하시자 그 여인의 딸이 그 시각으로 나으니라."

마태복음 17:14~18

"그들이 무리에게 오자 한 사람이 주께 와서 무릎을 꿇고 말씀드리기를 "주여, 내 아들에게 자비를 베푸소서. 그 아이가 미쳐서 몹시 고통을 겪고 있나이다. 그가 종종 불 속에도 넘어지고 여러 번 물 속에도 빠졌나이다. 그래서 그를 주의 제자들에게 데려왔으나 그들이 고치지 못하였나이다."라고 하니 예수께서 대답하여 말씀하시기를 "오 믿음이 없고 비뚤어진 세대여, 언제까지 내가 너희와 함께 있어야 하겠느냐? 언제까지 내가 너희를 참아야 하겠느냐? 그를 여기 내게로 데려오라."고 하시니라. 예수께서 그 마귀를 꾸짖으시니 마귀가 나가고 그 아이가 그 시각으로 나으니라."

마태복음 20:33~34

"그들이 주께 말씀드리기를 "주여, 우리의 눈을 뜨기 원하나이다."라고 하더라. 그러므로 예수께서 불쌍히 여겨 그들의 눈을 만지시니 즉시 그들의 눈이 보게 되어 그들이 주를 따르더라."

마가복음 1:40~41

"그 후 한 문둥병자가 주께 와서 간청하며 그 앞에 무릎을 꿇고 말씀드리기를 "주께서 원하시면 저를 깨끗하게 하실 수 있나이다."라고 하니 예수께서 불쌍히 여겨 손을 내밀어 그를 만지며 그에게 말씀하시기를 "내가 원하노니 깨끗해져라."고 하시니"

마가복음 3:10

"이는 주께서 많은 사람을 고쳐 주시므로 병든 자들이 모두 주를 만지려고 밀치기 때문이더라."

마가복음 5:28~29

"이는 여인이 말하기를 '만일 내가 그 분의 옷만 만져도 낫게 되리라.' 고 함이라. 그러자 즉시 피의 유출이 마르고 자기가 그 병고에서 나은 것을 몸으로 느끼더라."

마가복음 5:34

"그러므로 주께서 그녀에게 말씀하시기를 "딸아, 네 믿음이
너를 낫게 하였도다. 평안히 가라. 그리고 네 병고로부터 온
전해져라." 고 하시더라."

마가복음 6:12~13

"그러자 그들이 나가서 사람들에게 반드시 회개해야 한다고
전파하니라. 그들이 많은 마귀들을 쫓아내고, 많은 병자에게
기름을 붓고 병을 낫게 하더라."

마가복음 6:56

"또 주께서 마을이나 성읍이나 시골이나 들어가시는 곳마다
그들은 거리에 병자들을 내려 놓고 주의 옷자락만이라도 만
지기를 주께 간구하더라. 주를 만지는 사람들은 다 온전해지
더라."

마가복음 7:32~35

"사람들이 귀먹고 말도 더듬는 한 사람을 주께 데리고 와서 안수하여 주시기를 간구하더라. 주께서 그 사람을 무리에게서 따로 떼어 데리고 가시어 손가락을 그의 두 귀에 넣고 침을 뱉어 그 사람의 혀에 대신 후 하늘을 바라보고 신음하시며 그 사람에게 말씀하시기를 "엡파다" 하시니, 그것은 "열리라"는 말이라. 그러자 즉시 그의 귀가 열리며, 혀를 묶은 것이 풀리니, 그가 분명하게 말하더라."

마가복음 10:46~52

"그리고 그들이 여리코에 갔더라. 주께서 제자들과 많은 무리와 함께 여리코에서 나가실 때, 디매오의 아들 소경 바디매오가 대로에 앉아서 구걸하더라. 마침 그가 나사렛 예수라는 말을 듣고 소리지르기 시작하여 말하기를 "다윗의 아들 예수여, 나에게 자비를 베푸소서."라고 하니 많은 사람이 그에게 조용히 하라고 꾸짖더라. 그러나 그는 더 크게 소리질러 "다윗의 아들이여, 나를 불쌍히 여기소서."라고 하더라. 예수께서 멈추어 서서 "그를 부르라."고 명하시니, 제자들이 그 소경을 불러 말하기를 "안심하고 일어나라. 주께서 너를 부르신다."고 하니 그가 겉옷을 던져 버리고 일어나 예수께로 오더라. 예수께서 그에게 대답하여 말씀하시기를 "내가 너에게 무엇을 해 주기를 원하느냐?" 고 하시니, 그 소경이 말씀드리기를 "주여, 내가 보기를 원하나이다." 라고 하더라. 예수께서 그에게 말씀하시기를 "가라, 네 믿음이 너를 낫게 하였느니라." 고 하시니, 그가 즉시 보게 되고 그 길로 예수를 따르더라."

마가복음 16:15~18

"또 주께서 그들에게 말씀하시기를 "너희는 온 세상에 가서 모든 피조물에게 복음을 전파하라. 믿고 침례를 받는 자는 구원을 받을 것이나 믿지 않는 자들은 정죄함을 받으리라. 믿는 자들에게는 이러한 표적들이 따르리니, 즉 내 이름으로 그들이 마귀들을 쫓아내고 또 새 방언들로 말하리라. 그들은 뱀들을 집을 것이요, 어떤 독을 마실지라도 결코 해를 입지 않을 것이며, 병자에게 안수하면 그들이 회복되리라." 고 하시더라."

누가복음 4:40

"해가 기울어 갈 때에 갖가지 병으로 앓는 사람들을 모두 주께로 데려오니, 주께서 그들 각인에게 안수하여 고쳐 주시더라."

누가복음 5:17

"어느날 주께서 가르치실 때 바리새인들과 율법 박사들도 그 곁에 앉아 있었는데, 그들은 갈릴리와 유대와 예루살렘의 각 고을에서 왔더라. 주의 권능이 그곳에 있어 그들을 치유시켜 주시더라."

누가복음 6:6~10

"또 다른 안식일에 주께서 회당에 들어가서 가르치시는데 거기에 오른쪽 손이 마른 사람이 있더라. 그때 서기관들과 바리새인들은 주께서 안식일에 병을 고치시는가를 지켜보고 있었으니, 이는 그에게서 고소할 구실을 찾으려 함이더라. 그러나 주께서 그들의 생각을 아시고 한쪽 손이 마른 그 사람에게 말씀하시기를 "일어나서 가운데 서라." 고 하시니, 그가 일어나서더라. 그리고 나서 예수께서 그들에게 말씀하시기를 "내가 너희에게 한가지 묻겠노라. 안식일에 선을 행하는 것이 타당하냐, 아니면 악을 행하는 것이 타당하냐? 생명을 구하는 것이 타당하냐, 아니면 죽이는 것이 타당하냐?" 고 하시며 그들 모두를 둘러보시고 그 사람에게 말씀하시기를 "네 손을 펴 라." 고 하시자 그가 그리하니 그 손이 다른쪽 손과 같이 온전 하게 회복되더라."

누가복음 6:19

"온 무리가 주를 만지려고 애썼으니 이는 주에게서 능력이 나가 그들을 모두 낫게 하기 때문이더라."

누가복음 7:21

"바로 그 시간에 주께서 병약함과 전염병과 악령에 사로잡힌 많은 사람들을 고쳐 주시고 또 많은 소경도 보게 해 주시더 라."

누가복음 8:43~48

"한편 십이 년 동안 유출병을 앓고 있는 한 여인이 있었는데, 자기 생계비를 의사들에게 모두 썼으나 누구도 낫게 하지 못했더라. 그 여인이 주의 뒤로 와서 주의 옷단을 만지니 즉시 유출병이 멈추더라. 그러자 예수께서 말씀하시기를 "나를 만진 사람이 누구냐?" 고 하시니 모두가 부인하되, 베드로와 또 그와 함께한 사람들이 말하기를 "선생님, 선생님을 에워싼 무리가 밀고 있는데 '나를 만진 자가 누구냐?' 고 말씀하시나이까?" 라고 하더라. 예수께서 말씀하시기를 "누군가가 나를 만졌도다. 이는 나에게서 능력이 나간 것을 내가 알았음이라." 고 하시니 그 여인이 숨길 수 없음을 알고 떨며 나와서 주 앞에 엎드리더니, 자기가 무슨 연고로 주를 만졌으며 또 어떻게 해서 즉시 치유되었는가를 모든 사람들 앞에서 주께 밝히니라. 주께서 말씀하시기를 "딸아, 안심하라. 네 믿음이 너를 낫게 하였노라. 평안히 가라." 고 하시더라."

누가복음 14:1~6

"주께서 안식일에 바리새인 지도자들 중 한 사람의 집에 식사하러 가셨을 때 그들이 주를 지켜보고 있더라. 그런데, 보라, 수종병에 걸린 한 사람이 주 앞에 있더라. 예수께서 대답하여 율법사들과 바리새인들에게 말씀하시기를 "안식일에 병고치는 것이 타당한 일이냐?" 고 하시니 그들이 대답이 없는지라. 그를 데려다가 병을 고쳐서 보내시며 그들에게 대답하여 말씀하시기를 "너희 중에 누가 나귀나 소가 웅덩이에

빠지면 안식일이라고 해서 즉시 끌어내지 아니하겠느냐?" 고
하니 그들은 이런 일에 관하여 주께 다시 대답하지 못하더
라."

누가복음 22:49~51

"기도를 마치시고 일어나 제자들에게로 오셔서 그들이 슬퍼
하다 잠든 것을 보시고 말씀하시기를 "어찌하여 너희는 자고
있느냐? 너희가 시험에 들지 않도록 일어나 기도하라." 고 하
시더라. 주께서 아직 말씀하고 계시는데, 무리를 보라, 열둘
가운데 하나인 유다라 하는 자가 그들 앞서 가다가 예수께 입
맞추려고 가까이 오니 예수께서 그에게 말씀하시기를 "유다
야, 네가 입맞춤으로 인자를 배반하느냐?" 고 하시더라. 그때
주위에 있던 사람들이 일어나는 일들을 보다가 주께 말씀드
리기를 "주여, 우리가 칼로 치리이까?" 라고 하더라. 그들 중
에 한 사람이 대제사장의 종을 쳐서 그의 오른쪽 귀를 잘라
버리더라. 그러자 예수께서 대답하여 말씀하시기를 "이제 그
만하라." 하시고 그의 귀를 만져서 고쳐 주시니라."

요한복음 5:6~9

"예수께서 이 사람이 누워 있는 것을 보시니, 그가 오랫동안 병든 줄 아신지라. 그에게 말씀하시기를 "네가 낫기를 원하느냐?" 고 하시니 그 병든 사람이 대답하기를 "주여, 물이 움직일 때 나를 못에다 밀어 넣어 줄 사람이 없나이다. 그래서 내가 가는 도중에 다른 사람이 내 앞에 내려가나이다." 라고 하니라. 예수께서 그에게 말씀하시기를 "일어나서 네 침상을 들고 걸어가라." 하시니 그 사람이 즉시 나은지라. 자기 침상을 들고 걸어가니 그 날은 안식일이더라."

사도행전 3:6~8

"베드로가 말하기를 "은과 금은 나에게 없으나 내가 가진 것을 네게 주노니 나사렛 예수 그리스도의 이름으로 일어나 걸으라." 하고 오른손으로 그를 잡아 일으키니 그가 즉시 발과 발목에 힘을 얻어서 뛰어 일어서서 걸으며 그들과 함께 성전으로 들어가 걷기도 하고, 뛰기도 하며, 하나님을 찬양하더라."

사도행전 3:16

"그의 이름을 믿음으로 인하여 그 이름이 너희가 지금 보고 아는 이 사람을 강건케 하였느니라. 정녕, 그를 통하여 나온 믿음이 이 사람을 너희 모든 사람 앞에서 온전하게 치유한 것이라."

사도행전 5:12

"또 사도들의 손으로 많은 표적과 이적이 백성 가운데서 일어나니, 그들이 모두 하나가 되어 솔로몬의 행각에 모이더라."

사도행전 10:38

"하나님께서 나사렛 예수께 성령과 능력으로 기름 부어 주셔서 그가 두루 다니시면서 선한 일을 행하시며 마귀에게 억압받는 모든 자를 치유하셨으니, 이는 하나님께서 그와 함께 계심이라."

로마서 8:35~39

"누가 우리를 그리스도의 사랑에서 떼어 놓을 수 있으리요?
환난이나 곤경이나 박해나 기근이나 헐벗음이나 위험이나 칼
이랴? 기록된 바와 같이 "우리가 주를 위하여 온종일 죽임을
당하였으며 도살당할 양으로 여김을 받았나이다."라고 하였
느니라. 그러나 이 모든 일에서 우리를 사랑하시는 그 분으로
말미암아 우리가 이기는 자들보다 더 나으니라. 내가 확신하
노니, 사망이나 생명이나 천사들이나 정사나 권세나 현재 일
이나 다가올 일이나 높음이나 깊음이나 어떤 다른 피조물이
라도 우리를 그리스도 예수 우리 주 안에 있는 하나님의 사랑
에서 떼어 놓을 수 없으리라."

빌립보서 4:6~7

"아무것도 염려하지 말고 다만 모든 일에 기도와 간구로 너
희의 구하는 것들을 감사함으로 하나님께 알려지게 하라. 그
리하면 모든 지각을 초월하시는 하나님의 평강이 그리스도
예수 안에서 너희의 마음과 생각을 지키시리라."

베드로전서 2:24

"그가 친히 나무에 달린 자신의 몸으로 우리의 죄들을 담당하셨으니, 이는 우리가 죄들에는 죽고 의에는 살게 하려 하심이니라. 그가 채찍에 맞음으로 너희가 낫게 되었느니라."

야고보서 5:13~16

"너희 가운데 고난받는 자가 있느냐? 그는 기도할 것이요, 즐거워하는 자가 있느냐? 그는 시로 노래할지니라. 너희 중에 병든 자가 있느냐? 그는 교회의 장로들을 청할 것이요, 장로들은 주의 이름으로 그에게 기름을 붓고 그를 위하여 기도할지니라. 믿음의 기도는 병든 자들을 구원하리니 주께서 그를 일으키시리라. 그가 죄들을 범했어도 그것들을 용서해 주시리라. 그러므로 너희는 서로 잘못을 자백하고 치유를 위하여 서로 기도하라. 의인의 효과적이고 열렬한 기도는 역사하는 힘이 많으니라."

요한삼서 1:2

"사랑하는 자여, 무엇보다도 네 혼이 잘됨같이 네가 번성하고 강건하기를 바라노라."

요한계시록 22:1~2

"또 그가 나에게 하나님과 어린 양의 보좌에서 흘러나오는 수정처럼 맑은 생명수의 정결한 강을 보여 주더라. 그 도성의 거리 한가운데와 그 강의 양편에는 생명 나무가 있어 열두 가지 과실을 맺으며 달마다 과실을 내더라. 그리고 그 나무의 잎사귀들은 민족들을 치유하기 위한 것이더라."

열왕기하 4:8~37: 수넴 여인을 위한 두 번의 기적

"엘리사가 수넴을 지나가던 어느 날, 거기에 한 유명한 여인이 있었는데 그녀가 그에게 음식을 들라고 권유하므로 그가 지나갈 때마다 음식을 먹으러 그 곳에 들르더라. 그녀가 자기 남편에게 말하기를 "보소서, 이제 항상 우리 옆을 지나다니는 사람은 하나님의 거룩한 사람인 줄을 내가 아나이다. 내가 청하오니, 그를 위하여 작은 방 하나를 담 위에 만들어 침상과 책상과 의자와 촛대를 놓고, 그가 우리에게 올 때 거기에 들게 하소서." 하더라. 하루는 엘리사가 거기에 가서 그 방에 들어가 누웠더라. 그리고 그가 그의 종 게하시에게 말하기를

"이 수넴 여인을 불러오라." 하자 그가 그녀를 부르니 그 여인이 그 앞에 섰더라. 엘리사가 그에게 말하기를 "너는 그 여인에게 말하라. '보라, 네가 이 모든 보살핌으로 우리를 돌보았느니라. 내가 너를 위하여 무엇을 하랴? 네가 왕이나 군대 대장에게 고할 것이 있느냐?' 하라." 하자, 그 여인이 말하기를 "나는 내 백성 가운데 거하나이다." 한지라 그가 말하기를 "그러면 그녀를 위하여 무엇을 하여야 할꼬?" 하니 게하시가 대답하기를 "진실로 그 여인에게는 자식이 없고 그녀의 남편은 늙었나이다." 하자 엘리사가 말하기를 "그녀를 부르라." 하니라. 그가 그녀를 부르자 그녀가 문에 섰는데 엘리사가 말하기를 "생명의 때를 따라 이 계절쯤 되면 네가 한 아들을 안으리라." 하니 그녀가 말하기를 "아니니이다. 내 주, 하나님의 사람이여, 당신의 여종에게 거짓말을 하지 마소서." 하니라. 그러나 그 여인이 임신하여 엘리사가 그녀에게 말한 그 계절에 생명의 때를 따라 아들을 낳았더라. 그 아이가 자란 후의 일이라. 하루는 그가 곡식 베는 자들에게로 나가 그의 아버지에게 이르렀는데 그 아이가 그의 아버지에게 말하기를 "내 머리야, 내 머리야." 하는지라, 그 아버지가 한 소년에게 말하기를 "아이를 그의 어머니에게 데려가라." 하자 그가 아이를 옮겨다가 그의 어머니에게로 데려갔으니, 그 아이가 낮까지 그의 어머니 무릎에 앉아 있다가 죽었더라. 그러자 그녀가 올라가 그 아이를 하나님의 사람의 침상에 두고 문을 닫고 나와서 그녀의 남편을 불러 말하기를 "내가 청하오니

청년 한 명과 나귀 한 마리를 내게 보내 주소서. 내가 하나님의 사람에게 달려갔다가 돌아오리이다." 하니 그 남편이 말하기를 "어찌하여 당신은 오늘 그에게 가려고 하는가? 오늘은 새 달도 아니고 안식일도 아니로다." 하나 그녀가 말하기를 "잘 될 것이니이다." 하더라. 그리고 나서 그녀가 나귀에 안장을 얹고 그녀의 종에게 말하기를 "몰고 앞으로 가라. 내가 네게 명하지 않는 한 나를 위하여 모는 것을 늦추지 말라." 하더라. 그리하여 그녀가 칼멜 산으로 가서 하나님의 사람에게 이르니, 하나님의 사람이 그녀를 멀리서 보고 그의 종 게하시에게 말하기를 "보라, 저기 수넴 여인이 있도다. 내가 청하니 너는 이제 달려가서 그녀를 맞이하며 '네가 평안하냐, 네 남편은 평안하냐, 아이도 평안하냐?' 하라." 하니 그녀가 대답하기를 "평안하나이다." 하더라. 그녀가 산으로 가서 하나님의 사람에게 이르러 그의 발을 붙들자, 게하시가 가까이 와서 그녀를 밀치고자 하나 하나님의 사람이 말하기를 "가만 두라. 그녀의 혼이 그녀 안에서 괴로워하느니라. 그러나 주께서 그것을 내게서 감추시고 내게 말씀하지 아니하셨도다." 하더라. 그러자 그 여인이 말하기를 "내가 내 주의 아들을 원했나이까? 나를 속이지 말라고 내가 말씀드리지 아니하더이까?" 하니 엘리사가 게하시에게 말하기를 "네 허리를 동이고, 내 지팡이를 네 손에 들고 길을 가라. 누구를 만나든지 인사하지 말며, 누가 네게 인사하더라도 대답하지 말고, 내 지팡이를 그 아이의 얼굴에 놓으라." 하더라. 그 아이의 어머니가 말하기를 "주께서 살아 계시는 한, 또 당신의 혼이 살아 있는 한 내가 당신을 떠나지 아니하겠나이다." 하자 엘리사가 일어나 그녀를 따라가니라. 게하시가 그들 앞에 가서 그 아이의 얼굴에 지팡이를 놓았으나 음성도 나지 않고 듣지도 않는지라. 그러므로 그가 다시 가서 엘리사를 만나 그에게 고하여 말하기를 "아이가 깨어나지 아니하였나이다." 하니라. 엘리사가 집에 들어오니, 보라, 그 아이가 죽어 침상에 뉘어 있더라. 그러므로 엘리사가 들어가서 두 사람만 있도록 문을 닫고 주께 기도하더라. 그가 올라가서 아이 위에 엎드려 자기 입을 아이의 입에, 자기 눈을 아이의 눈에, 자기 두 손을 아이의 두 손에 대었더라. 그가 자기 몸을 그 아이 위에 대자 그 아이의 살이 점점 따뜻해지더라. 그러자 그가 돌이켜 집안을 이리저리 거닐다가, 올라가 자기 몸을 그 아이 위에 대니 아이가 일곱 번 재채기를 하고 눈을 뜨는지라, 그가 게하시를 불러 말하기를 "이 수넴 여인을 부르라." 하자 그가 그녀를 부르니라. 그녀가 엘리사에게 오자 그가 말하기를 "네 아들을 데리고 가라." 하더라. 그녀가 들어가 그의 발 앞에 엎드려, 땅에 대고 절한 후 그녀의 아들을 안고 나가니라."

열왕기하 5:1~14: 시리아 문둥병자 나아만이 치유되다

"시리아 왕의 군대 대장 나아만은 그의 주인에게 크고 존귀

한 사람이었으니, 이는 주께서 그를 통하여 시리아에 구원을 주셨음이더라. 그가 또한 강한 용사였으나, 문둥병자였더라. 시리아인들이 전에 떼를 지어 나갔다가 이스라엘 땅에서 한 어린 여종을 사로잡아 왔으니, 그 소녀가 나아만의 아내를 시중들더라. 그녀가 그녀의 여주인에게 말하기를 "나의 주께서 사마리아에 있는 선지자와 함께 계셨으면 좋겠나이다! 이는 그 선지자가 그의 문둥병을 고칠 것임이니이다." 하니 누군가가 들어가서 그의 주에게 고하여 "이스라엘 땅에서 온 여종이 이러이러하게 말하더이다." 라고 말하더라. 이에 시리아 왕이 말하기를 "가라, 갈지어다. 내가 이스라엘 왕에게 서신을 띄우리라." 하니, 그가 은 열 달란트와 금 육천 개와 의복 열 벌을 가지고 가니라. 그가 그 서신을 이스라엘 왕에게 전하였으니, 이르기를 "이 서신이 당신께 이르거든 보소서, 내가 내 종 나아만을 이 서신과 함께 당신께 보내니, 당신은 그의 문둥병을 고쳐 주소서." 하였더라. 이스라엘 왕이 그 편지를 읽고 나서 그의 옷을 찢으며 말하기를 "내가 죽이고 살리는 하나님이기에 이 사람이 내게 문둥병 걸린 사람을 보내며 고치라 하느냐? 그러므로 내가 청하노니, 너희는 숙고하여 어떻게 그가 나를 대적하여 싸우고자 하는지를 알지니라." 하니라. 하나님의 사람 엘리사가 이스라엘 왕이 자기 옷을 찢었다 함을 듣자 왕에게 보내어 말하기를 "어찌하여 왕께서는 옷을 찢으셨나이까? 그를 이제 내게 오게 하시면, 그가 이스라엘에 선지자가 있는 줄 알게 되리이다." 하더라. 그리하여 나아만이 그의 말들과 병거를 거느리고 와서 엘리사의 집 문 앞에 섰더라. 엘리사가 그에게 심부름꾼을 보내어 말하기를 가서 "요단 강에서 일곱 번 씻으라. 그리하면 네 살이 회복되고 네가 깨끗케 되리라." 하자 나아만이 노하여 돌아가며 말하기를 "보라, 나는 그가 반드시 내게로 나아와 서서 주 그의 하나님의 이름을 부르며 그의 손으로 병든 부위를 쳐서 문둥병을 고치리라 생각했노라. 다마스커스의 강 아바나와 바르발이 이스라엘의 모든 물들보다 낫지 아니하냐? 내가 그 강들에서 씻으면 깨끗해지지 않겠느냐?" 하고 분노에 차서 돌이켜 가니라. 그러자 그의 종들이 가까이 나아와 그에게 고하여 말하기를 "내 아버지여, 만일 그 선지자가 당신께 어떤 큰 일을 하라고 명하였다면 당신은 그 일을 하지 않았겠나이까? 하물며 그가 당신께 '씻어 깨끗해지라.' 한 것이리이까?" 하더라. 이에 그가 내려가 하나님의 사람의 말에 따라 요단 강에서 일곱 번 몸을 담그니, 그의 몸이 어린 아이의 살같이 되어 깨끗해지더라."

저자에 대하여

카이넌(Kynan) 목사는 15세라는 어린 나이에 예수 그리스도께 자신의 삶을 드렸고, 그 후에 성령으로 충만했다. 교회에 등록한 후, 카이넌은 하나님이 부르시는 것을 분명하게 들었다. 카이넌은 여러 해 동안 교회를 섬겼으며, 다양한 사역에 동참했었다. 하나님의 부르심이 계속된 후, 그는 마침내 성령에 붙들렸다. 몇 년 전에, 주님은 카이넌에게 플로리다(Florida) 탐파(Tampa)에서 가르치는 사역을 시작하라고 말씀하셨다. 그 당시 Grace & Peace Global Fellowship을 위한 비전이 탄생했다.

> "한 사람의 범죄로 말미암아 사망이 그 한 사람을 통하여 왕 노릇 하였은즉 더욱 은혜와 의의 선물을 넘치게 받는 자들은 한 분 예수 그리스도를 통하여 생명 안에서 왕 노릇 하리로 다"(롬 5:17)

예수 그리스도의 사람, 예수 그리스도의 능력, 예수 그리스도의 임재가 사람들이 살아가는 모든 곳에서 드러나는 것을 보는 것, 이것이 우리 사역의 비전과 미션이다. 이 사역을 통하여 예수 그리스도의 복음으로 구원받고 회복되는 수백만의 영혼을 보는 것이 우리의 소망이다. 우리는 이 미션을 순수한 하나님의 말씀, 인생을 바꾸는 하나님의 말씀을 선포함으로 성취한다. 우리의 전도 사역은 이 메시지를 널리 퍼뜨리기 위한 촉매제 역할을 하는 것이다. 사람들을 위한 하나님의 사랑을 의식하도록, 그리스도가 이루신 완전한 일에 들어가도록, 그렇게 함으로써 마태복음 28장 19절의 개요인 하나님께서 명하신 임무, 즉 대위임령을 그들이 행하는 자리에 있도록 하기 위해 우리는 매주 사람들에게 자료를 나눠 준다.

주간 팟캐스트 FaithTalk에서는 그리스도의 지체로서 다양한 이슈들을 토론하는 강연자로 섬긴다. 하나님의 말씀을 설명하는 것을 통해서 이런 이슈들에 해결의 실마리를 던져 준다. 우리는 우리에게 맡겨진 사역을 전파하고, 업무를 말하고, 자료들을 가르치고, 인터넷, 미디어 강연을 통해서 복음을 널리 퍼뜨리는 데 헌신한다.

오늘에 이르기까지 우리는 복음으로 수없이 많은 사람들에게 다가갔다. 우리의 주간 전도 사역과 새로운 미디어 자료들의 협력 사역을 통해서 우리는 거의 매주 은혜의 복음을 수천 명에게 전한다. 현재 우리는 북아메리카, 인도, 아이티, 나이지리아 사람들에게 하나님의 말씀을 전하고 있다. 우리는 세계적으로 영향력이 있는 몇몇 기관의 전도 활동에 참여하고 있다.

카이넌 목사는 성령의 능력을 인정하고, 자신을 통해서 성령의 기름부으심이 계속되게 하며, 하나님의 사람들을 치료하기 위하여 헌신하고 있다. 그는 남편, 멘토, 세 명의 아름다운 자녀인 엘라, 나오미, 이삭의 아버지로 헌신하고 있다.

책, 기도 요청, 이 사역을 후원하기 위한 정보는

Kynan Bridges Ministries

P.O BOX 159

Ruskin, FL 33575

1-800-516-7038

우리를 방문하려면 : www.kynanbridges.org